POLYGLOTT on tour

Polen

Der Autor

Dr. Tomasz Torbus

ist gebürtiger Warschauer, Kunsthistoriker und lebt seit 1982 in Deutschland. Er beschäftigt sich vor allem mit der Kunst Mitteleuropas. Seit vielen Jahren leitet er Studien-

Das System der POLYGLOTT Sterne

Auf Ihrer Reise weisen Ihnen die Polyglott-Sterne den Weg zu den bedeutendsten Sehenswürdigkeiten aus Natur und Kultur. Für die Vergabe orientieren sich Autoren und Redaktion am UNESCO-Welterbe.

*** eine Reise wert ** einen Umweg wert * sehr sehenswert

Unsere Preissymbole bedeuten:

Hotel (DZ)		Restaurant (Menü)	
●●●	über 60 €	●●●	über 15 €
●●	30 bis 60 €	●●	10 bis 15 €
●	unter 30 €	●	unter 10 €

Wechselkurs:

1 €	ca. 4,35 Złoty	1 CHF	ca. 3,6 Złoty
1 Złoty	ca. 0,23 €	1 Złoty	ca. 0,28 CHF

Reiseplanung

Land & Leute

Unterwegs in Polen

Badeurlauber finden an der Ostseeküste die breitesten Sandstrände Europas und atemberaubende Dünenlandschaften. Kulturelle Highlights sind die altehrwürdige Stadt Danzig und die größte Backsteinburg des Kontinents: die Marienburg.

Das Land der tausend Seen ist eines der letzten großen Naturparadiese Europas – mit riesigen Wäldern, zauberhaften Seen, naturbelassenen Flüssen und unzähligen Störchen.

Infos von A–Z 137

Echt gut!

Karten

Reiseplanung

Die Reiseregionen im Überblick][Die schönsten Touren][Klima und Reisezeit][Anreise][Reisen im Land][Sport und Aktivitäten][Unterkunft

Die Reiseregionen im Überblick

Auf Sandstrände folgen zahlreiche Seen, auf Flachland erst die niedrigeren und dann die höheren Bergketten. Auf diese einfache Formel gebracht, lässt sich Polen in fünf Großregionen aufteilen: die Ostseeküste, das baltische Moränengebiet, die nordeuropäische Tiefebene und die Bergketten der Sudeten und Karpaten. Für die Reiseplanung sind jedoch neben den geografischen auch die historischen Regionen sowie, ganz pragmatisch betrachtet, die klassischen Reiserouten von Bedeutung.

Breite Sandstrände und ein malerisches, von Moränenhügeln dominiertes Hinterland prägen die polnische **Ostseeküste,** an der im Hochsommer zahlreiche Familien Erholung suchen. Sofern das Wetter mitspielt, lässt sich hier ein ganz und gar erholsamer Badeurlaub verbringen. Während Hinterpommern kulturell wenig zu bieten hat, holt das untere Weichseltal in kultureller Hinsicht hundertfach auf – mit **Danzig,** der Königin der Ostsee, und der größten aller Burgen, der **Marienburg,** beides Höhepunkte einer Ostseereise!

Etwa 3000 malerische, schilfbestandene Seen inmitten ausgedehnter Mischwälder kennzeichnen **Masuren.** Der von Moränenhügeln geprägte Nordosten Polens gehört längst zu den Lieblingszielen in- und zunehmend auch ausländischer Touristen. Masuren ist ein ideales Reiseziel für Aktivurlauber: Wander-, Rad- und Kanutouren sowie Segeltörns stehen hoch im Kurs. Sieht man von einigen wenigen kulturellen Anziehungspunkten ab, ist es ein Landstrich, in dem jeder sich seine eigenen Wege sucht: Lieblingsplätze für ein Picknick, Wälder zum Beeren- und Pilzesammeln oder einsame Badeseen ...

In **Mittelpolen** liegen die Kerngebiete Polens – Großpolen rund um **Posen,** Kujawien bei **Bydgoszcz,** Masowien mit **Warschau** und Podlachien rund um die Stadt **Białystok.** Hier stehen weniger Naturlandschaften als vielmehr die Begegnung mit Geschichte und Kultur im Vordergrund. Hauptreiseziel der Region ist zweifellos Warschau: schon allein deshalb, weil es die Hauptstadt des Landes ist, hier ein mustergültiger Wiederaufbau nach den verheerenden Zerstörungen des Zweiten Weltkriegs erfolgte und ein pulsierendes Kultur- und Nachtleben lockt. Weitere lohnende Reiseziele in Mittelpolen sind die Städte Posen und Toruń (Thorn).

Schlesien ist schon lange nicht mehr ausschließlich das Reiseziel derer, die infolge des Zweiten Weltkrieges ihre Heimat verlassen mussten. Mit ihrer immens reichen Kulturlandschaft lockt Schlesien zunehmend Besucher aus aller Welt an. Es sind Städte wie Breslau mit dem Hauptplatz Rynek (Ring), dem Rathaus, mit so imposanten Bauwerken wie

Ein Drittel der Hohen Tatra liegt auf polnischem Gebiet

dem Dom oder der Jahrhunderthalle, es sind Sehenswürdigkeiten von kunsthistorischem Rang wie die Friedenskirche von Świdnica, die Abteien von Krzeszów oder Lubiąż, die begeistern. Schlesien ist zu jeder Jahreszeit ein lohnendes Ziel. Möchte man die Reise mit einem Besuch des **Riesengebirges** kombinieren, ist in erster Linie der Hochsommer als Reisezeit zu empfehlen. Im Winter lockt die Region dank der herrlichen Skipisten zahlreiche Wintersportler an.

Kleinpolen: Viele, die in Breslau Station machen, fahren bis **Krakau** weiter. Die Hauptstadt Kleinpolens gilt als heimliche Kulturhauptstadt des Landes, in der jeder Stein eine Geschichte zu erzählen weiß. Von der großen jüdischen Vergangenheit zeugt das Viertel Kazimierz. Das Leben hier scheint sich der Hektik zu entziehen – daran kann auch der neue Trend der Wochenend-Amüsement-Flüge aus Manchester oder Liverpool nichts ändern! Neben Krakau mit Marktplatz, Königschloss und zahlreichen sehenswerten Kirchen und Synagogen, bietet auch das Umland bedeutende Ziele: den wichtigsten Wallfahrtsort Polens – **Częstochowa** (Tschenstochau) – und die KZ-Gedenkstätte **Auschwitz** in Oświęcim. Nicht zuletzt locken fantastische Naturlandschaften. Trotz der hohen Bevölkerungsdichte des alten Galiziens befinden sich in dieser Region nicht weniger als zehn beeindruckende Nationalparks, die erwandert oder mit einem Floß durchquert werden können (Pieniński-Nationalpark). Der September ist übrigens der schönste Monat, um Bergtouren zu unternehmen – und um Krakau zu besichtigen.

Karte Umschlag hinten

Die schönsten Touren

Von der Oder ostwärts in einer Woche

–①– Szczecin › Słupsk › Danzig › Marienburg › Elbląg › Olsztyn › Mikołajki › Ełk › Augustów › Ogrodniki

Distanzen:

Szczecin › Słupsk 230 km, 5 Std.; **Słupsk › Danzig** 120 km, 2–3 Std.; **Danzig › Ostróda** 144 km, 2 Std.; **Ostróda › Olsztyn** 40 km, 45 Min.; **Olsztyn › Mikołajki** 85 km, 2–3 Std.; **Mikołajki › Ogrodniki** 165 km, 3–4 Std.

Verkehrsmittel:

Für diese Tour ist ein Auto unerlässlich. Die beste Verbindung von Deutschland nach Masuren und weiter ins Baltikum bietet die E 28 von Stettin nach Danzig; über die E 77 und die Landesstraße 16 über Olsztyn geht es weiter ostwärts. Fast durchgehend befährt man eine teilweise gut ausgebaute einspurige Fernstraße.

Die wohltuende Landschaft Hinterpommerns, die Seenlandschaft Masurens und als kulturelle Höhepunkte Danzig sowie die nahe gelegene Marienburg machen den Reiz dieser Tour aus. Von ***Słupsk** › S. 57 (erste Übernachtung) geht es über **Lębork** und **Wejherowo** ins geschichtsträchtige ****Danzig** › S. 46 (2 Tage). Der direkte Weg nach Masuren führt über **Elbląg,** zu empfehlen ist jedoch ein Schlenker über **Malbork** mit der majestätischen *****Marienburg** › S. 53. Von **Ostróda** gelangt man am nächsten Tag über den Wallfahrtsort **Gierzwałd** zu der von zahlreichen Seen umgebenen Hauptstadt der Region, nach **Olsztyn** › S. 71. Bevor man **Mrągowo** › S. 73 erreicht, lohnt ein Stopp in **Sorkwity,** das über eine der wenigen protestantischen Kirchen Masurens verfügt. Sehenswert: die Darstellung der Himmelfahrt Jesu sowie ein Engel, der hoch über den Köpfen der Gläubigen an der Decke des Kirchenschiffes schwebt. An ***Mikołajki** › S. **75**, **Orzysz** und **Ełk** vorbei geht der Weg durch das östliche Masuren. Aus Ełk stammt der Schriftsteller Siegfried Lenz. Die Strecke führt weiter durch das Suwałki-Land, vorbei an **Augustów** mit dem Kanal › S. 70 und **Sejny** nach **Ogrodniki,** dem seit Dezember 2007 unbesetzten Grenzposten nach Litauen.

Entlang der Weichsel in einer Woche

2 Danzig › Grudziądz › Chełmno › Toruń › Włocławek › Warschau › Kazimierz Dolny › Sandomierz › Krakau

Distanzen:

Durchschnittliche Geschwindigkeit: 50 km/h. **Danzig › Chełmno** 125 km, dank der neuen Autobahn knapp 1,5 Std.; **Chelmno › Toruń** 45 km; **Toruń › Warschau** 200 km, ca. 4 Std. Fahrtzeit; **Warschau › Krakau** 400 km, 7–8 Std.

Verkehrsmittel:

Für diese Tour benötigt man ein Auto, die Fahrt mit öffentlichen Verkehrsmitteln wäre zu aufwendig und kompliziert.

Die Tour folgt dem polnischen Schicksalsstrom, der Weichsel, und führt von Danzig über Warschau nach Krakau. Es ist eine Reise durch die tausendjährige Geschichte und Kultur des Landes, wobei die Besichtigung Warschaus zweifellos den Höhepunkt darstellt.

Eine Lehrstunde in polnischer Geschichte erwartet den Besucher am Ausgangspunkt der Tour, in ****Danzig** › S. 46. In der einstigen Hansestadt enstand die Gewerkschaft Solidarność, die das Land zu dem gemacht hat, was es heute ist: ein freies, demokratisches Polen.

Auf dem Weg nach Süden bietet sich die Besichtigung der Zisterzienserabtei in **Pelplin** (14. Jh.) an. Danach fährt man an ***Gniew** vorbei, wo eine Deutschordensburg (13. Jh.) erhalten ist. Bald ist am gegenüberliegenden Weichselufer die lebhafte Provinzstadt **Grudziądz** (Graudenz) erreicht. Ab 1786 war sie eine preußische Festung, bis heute gehören Soldaten zum Stadtbild. Eine Anlage von 26 Speicherhäusern (16.–18. Jh.) bildet das berühmte Weichselpanorama von Grudziądz.

Zum Pflichtprogramm aller geschichtlich interessierten Polenreisenden gehört ****Chełmno** (Kulm) mit seinen bedeutenden Bauwerken: Die gesamte Altstadt ist von einer Stadtmauer aus dem 14. Jh. umgeben, und auch mehrere Türme, das Rathaus sowie das Graudenzer Tor zeugen von der mittelalterlichen Stadtanlage.

Nach der Stadtbesichtigung von ****Toruń** › S. 102 (Übernachtung) überqueren Sie wieder die Weichsel und steuern ***Ciechocinek** an. Die Hauptattraktion des Heilbades ist das von 1828 stammende Gradierwerk, das neben der Anlage in Bad Dürrenberg/Sachsen-Anhalt zu den ältesten und größten der Welt zählt. Heute dient es nicht mehr der Salz-

Im Sächsischen Garten, Warschau

gewinnung: Die salz- und mineralhaltige Luft wirkt lindernd bei Erkrankungen der Atemwege (› Special S. 58).

Vorbei an **Włocławek** mit einer sehenswerten Kathedrale und ***Płock** › S. 92, erreicht man ****Warschau** › S. 82 (2–3 Tage!). Die Tour führt weiter an **Puławy** vorbei (barock-klassizistisches Schloss mit romantischem Landschaftspark) durch das pittoreske ****Kazimierz Dolny** › S. 126 und dann nach ***Sandomierz** S. 134, das hoch über dem Weichselufer thront. Höhe- und Endpunkt der Tour ist *****Krakau** › S. 121.

Quer durchs Land in 14 Tagen

–3– Posen › Toruń › Marienburg › Danzig › Masuren › Warschau › Częstochowa › Krakau › Zakopane › Breslau › Jelenia Góra

Distanzen:

Posen › Toruń 160 km, 3 Std.; **Toruń › Kwidzyn** 100 km, ca. 2 Std.; **Kwidzyn › Danzig** 90 km, 2 Std.; **Elbląg › Warschau** 290 km, 4 Std.; **Częstochowa › Krakau** 115 km, 2,5 Std.; **Zakopane › Jelenia Góra** 440 km, 6 Std.

Verkehrsmittel:

Zwar sind einige Strecken auch durch Inlandsflüge miteinander verbunden, doch wer die Sehenswürdigkeiten außerhalb der großen Städte ansteuern möchte, benötigt ein Auto.

Bei dieser 14-tägigen Tour durch Polen erhält man einen guten Eindruck von den verschiedenen Regionen und besucht einige der schönsten und geschichtsträchtigsten Städte des Landes.

Von ***Posen** › S. 96 führt der Weg zur Wiege des Deutschordensstaates Preußen, nach ****Toruń** › S. 102. Die weiteren Ziele heißen ****Chełmno, Grudziądz** und ***Kwidzyn** (Marienwerder) mit dem pomesanischen Dom hoch über dem Weichselufer. Die *****Marienburg** ›

S. 53 erwartet einen mit einem einmaligen **Nogatpanorama.** Um **Masuren** kennenzulernen, sollte man in **Olsztyn** › S. 71 Station machen und von dort Ausflüge nach **Święta Lipka** (Heiligelinde) › S. 74, zur **Wolfsschanze** bei **Kętrzyn** › S. 75 und nach ***Mikołajki** › S. 75 unternehmen.

Mit der Deutschordensburg in **Nidzica** verabschiedet man sich von der hügeligen Welt des einstigen Ordenslandes und wechselt in das flache Masowien über. Nach ****Warschau** › S. 82 lockt die **Schwarze Madonna von **Częstochowa** › S. 130. Nächstes Highlight ist *****Krakau** › S. 121 (2 Tage). ***Zakopane** › S. 131 und die ****Hohe Tatra** › S. 131 entführen in die grandiose Bergwelt und vor der Odermetropole ***Breslau** › S. 108 mit seiner schönen Altstadt lockt das ***Renaissance-Schloss in Brzeg** › S. 112. Über ***Świdnica** erreicht man **Jelenia Góra** › S. 115, von wo aus das ****Riesengebirge** › S. 114 zu erkunden ist.

Touren in den Regionen

Touren	Region	Dauer	Seite
Entlang der Ostseestrände	Ostseeküste	1 Woche	42
Fahrradtour durch die Kaschubei	Ostseeküste	1 Tag	44
Wanderung durch den Słowiński-Nationalpark	Ostseeküste	1 Tag	45
Zu den storchenreichsten Dörfern Europas	Ermland und Masuren	3 Tage	67
Fahrradtour von Sztynort nach Sulejki	Ermland und Masuren	1 Tag	68
Zu den frühen romanischen Kirchen	Polens Mitte	3 Tage	79
Auf den Spuren des Deutschen Ordens	Polens Mitte	2–3 Tage	80
Zu den Prachtbauten der Habsburger	Schlesien	1 Tag	105
Wandern im Riesengebirge	Schlesien	6–7 Std.	107
Zum UNESCO-Weltkulturerbe in den Karpaten	Krakau und Kleinpolen	3 Tage	117
Zu den schönsten Schlössern des Landes	Krakau und Kleinpolen	4 Tage	118
Bergtour in der Hohen Tatra	Krakau und Kleinpolen	1 Tag	120

Klima und Reisezeit

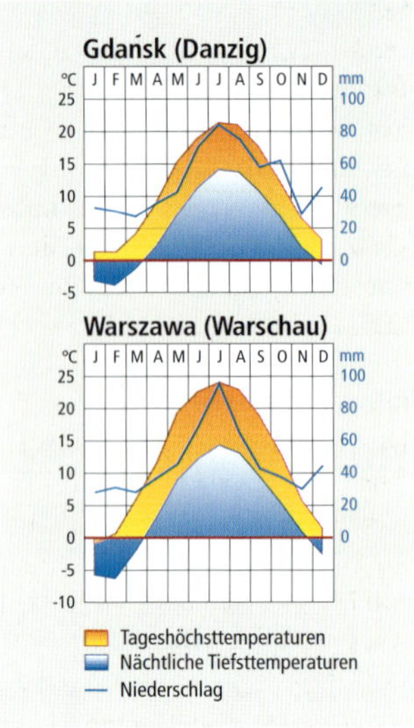

Das polnische Klima wird von den Meteorologen als gemäßigt eingestuft. Das Land liegt in einer Übergangszone zwischen dem ozeanischen Klima Westeuropas und dem Kontinentalklima Osteuropas, was zu starken Klimaschwankungen führt.

Der Frühling ist meist sonnig und warm, doch können bis in den Mai hinein heftige Nachtfröste auftreten. Im Sommer steigt das Thermometer nicht selten bis auf 30 °C an. Auch wenn es überwiegend heiter und trocken bleibt, muss man jederzeit mit heftigen Niederschlägen rechnen. Im Frühherbst ist es oft sonnig und trocken. Daher gilt der Herbst – vor allem im Bergland – als besonders reizvolle Jahreszeit. Der Winter ist im größten Teil Polens nicht besonders streng. Selten sinken die Tagestemperaturen unter –10 °C. Eine Ausnahme bildet lediglich der Nordosten des Landes, wo es auch über längere Zeit empfindlich kalt werden kann. Im Ostteil Polens und im Gebirge fällt reichlich Schnee, der für gute Wintersportmöglichkeiten sorgt.

Von Anfang März bis Mitte April und von Mitte Oktober bis Weihnachten muss man mit schlechten Wetterverhältnissen rechnen. Davon abgesehen hat jede Jahreszeit natürlich ihre ganz besonderen Reize. Scheint die Sonne, kann man in Masuren einen wahrhaft goldenen Oktober erleben: mit Frühnebel, dem bisweilen fast spätsommerlich-warme Tage folgen, und einer fantastischen Laubfärbung. Rund um die Seen herrscht um diese Jahreszeit absolute Stille, nicht selten ist man ganz alleine. Auch der klirrendkalte Winter in Masuren oder an der Ostseeküste ist nicht ohne Reize, doch sollte man sich auf vereiste Straßen einstellen. Touristenströmen wird man dann nicht begegnen. Ganz anders zu Weihnachten, Ostern, am sog. Langen Wochenende (um den 3. Mai) und während der Sommerferien. Besonders rund um die Hohe Tatra sowie an der Ostseeküste gilt es dann, sich rechtzeitig um eine geeignete Unterkunft zu kümmern.

Anreise

Mit dem Flugzeug

Lufthansa bzw. LOT (www.lot.com) fliegen von deutschen Städten direkt nach Warschau, Krakau, Danzig, Breslau, Posen und Kattowitz. Von Wien fliegen LOT und Austrian Airlines nach Warschau (Swiss und LOT auch von Zürich) sowie Krakau. Wizzair fliegt von Dortmund nach Breslau, Łódź, Posen und Kattowitz (auch Köln und Frankfurt-Hahn) und Danzig (auch Köln und Hamburg-Lübeck). Germanwings und TUIfly (auch Berlin) fliegen von Stuttgart, Air Berlin von Berlin nach Krakau. Polnische Inlandsflüge oft mit Stopp in Warschau.

Mit Bahn und Bus

Die wichtigsten Bahnverbindungen sind: Berlin–Posen–Warschau, Berlin–Cottbus–Breslau–Krakau, Berlin–Stettin und Dresden–Breslau. Für den Berlin-Warschau-Express (BWE), der die 600 km-Strecke in 5,5 Stunden zurücklegt, gibt es Sonderkonditionen. Die Bahnfahrten von Deutschland nach Polen sind vergleichsweise preisgünstig. Zur uneingeschränkten Benutzung aller polnischen Züge innerhalb eines bestimmten Zeitraumes berechtigt der Polrail-Pass. Mit Ausnahme einiger Strecken (Warschau–Krakau, Warschau-Posen, Warschau–Danzig) sind die Züge extrem langsam. Wer umsteigen muss, sollte wegen der häufigen Verspätungen genügend Zeit einplanen.

Eine Alternative zur Bahn sind die preiswerten internationalen Linienbusse nach Polen. Infos bei den Reisebüros auf den deutschen ZOB.

!! Fahrkarten werden nur für einen bestimmten Zug ausgestellt, die Fahrkarte für einen Intercity-Zug erlaubt nicht einmal mit einem Zuschlag die Fahrt auf derselben Strecke mit einem Eilzug oder dem sog. TLK (Tanie Linie Kolejowe, »Billige Bahnlinien«).

Reisen im Land

Mit öffentlichen Verkehrsmitteln

In Polen selbst ist ein dichtes Netz an Autobuslinien vorhanden. Die Busbahnhöfe *(dworzec PKS bzw. autobusowy)* befinden sich meist in der Nähe der Bahnhöfe *(dworzec PKP)*.

In allen größeren Städten ist das Nahverkehrssystem gut ausgebaut. Die Fahrscheine, die man an Kiosken *(kiosk ruchu)* bekommt, berechtigen nicht zum Umsteigen. Nach dem Einsteigen muss der Fahrgast sein

Ticket selbst entwerten. Ab 23 Uhr gilt der (doppelte) Nachttarif.

Inzwischen gibt es in den großen Städten auch Tageskarten, Dreitageskarten und Wochenkarten, die an Kiosken verkauft werden.

Mit dem Taxi

Taxifahrten sind nach deutschen Maßstäben verhältnismäßig billig. Am günstigsten und sichersten sind die Funktaxen (z. B. »Radio-Taxi«, in fast allen größeren Städten unter Tel. 9 19). Vor den Warschauer Taxiständen (v. a. am Bahnhof, Flughafen, Schlossplatz) sei gewarnt. Ab 22 Uhr sowie an Sonn- und Feiertagen erhöht sich der Preis um 50 %. Die meisten Taxifahrer sind bei der Suche nach einer privaten Unterkunft oder einem empfehlenswerten Restaurant behilflich; vor Nepp sollte man aber auch hier gewarnt sein. Größere Hotels unterhalten für ihre Gäste eigene Taxis.

Mit dem eigenen Wagen

In Polen ist der nationale Führerschein Pflicht. Nach wie vor empfiehlt sich die Mitnahme der Grünen Versicherungskarte für den Fall eines Unfalls. Tankstellen mit bleifreiem Benzin sind flächendeckend vorhanden. Geschwindigkeitsbegrenzungen: in Ortschaften 60 km/h, außerhalb von Ortschaften 90 km/h, auf Schnellstraßen 110 km/h, auf Autobahnen 130 km/h. Letztere sind streckenweise mautpflichtig. Ganzjährig ist das Abblendlicht auch tagsüber anzuschalten. Vorfahrt hat das Auto im Kreisverkehr und grundsätzlich jede Straßenbahn. Die Promillegrenze liegt bei 0,2. Vorsicht vor Rasern!

Achtung Autofahrer

Deutsche Markenfahrzeuge – BMW, Mercedes, neuere Audi-Modelle und VW Golf – sind bevorzugte Objekte krimineller Begierden. Lassen Sie Ihren Wagen am besten nur auf bewachten Parkplätzen stehen, die es in jeder größeren Stadt gibt. Lassen Sie keine Wertsachen, auch keine Taschen, im Auto. Ein Radio erhöht die Einbruchgefahr ebenfalls.

Special

Mit Kindern unterwegs

Auf und am Wasser

Polen bietet reichlich Badespaß, für den fast jedes Kind zu begeistern ist. Die Ostseestrände, an denen man wunderbare Sandburgen bauen und auf **Bernsteinsuche** gehen kann, sind ideal, und auch die Masurischen Seen bieten bestes Badevergnügen. Eine gute Alternative bei Regenwetter sind die diversen **Aqua-Parks.**

■ Krakau
Park Wodny
ul. Dobrego Pasterza 126
Tel. 0 12/6 16 31 90
www.parkwodny.pl

■ Jarosławiec (Ostseeküste)
ul. Uzdrowiskowa 15
Tel. 0 94/3 48 29 97

Nationalparks und Zoos

Nicht nur in den verschiedenen Nationalparks sind seltene Tiere wie Wölfe zu Hause. Auch kleinere Wildgehege, Tiergärten und Zoos bieten tierischen Spaß: In Wolisko in Masuren z. B. sind Wisente beheimatet – und der Zoo in Danzig-Oliva ist schon wegen seiner tollen Lage inmitten der Moränenhügel sehenswert.

Ogród Zoologiczny
ul. Karwieńska 3
80-328 Gdańsk-Oliwa
Tel. 0 58/5 52 00 42
www.zoo.gd.pl
tgl. 9–17, im Winter 9–15 Uhr

Für Technik-Freaks

Von Posen nach Wolsztyn verkehrt die europaweit letzte fahrplanmäßige Bahnlinie mit Dampflok. Und die schönsten Schmalspurbahnen des Landes gibt es u. a. bei Biskupin und zwischen Komańcza und Łupków im Bieszczady-Gebirge.

Posen-Wolsztyn
tgl. 8–9.40 Uhr (im Juli/August pausiert die Dampflok wegen Waldbrandgefahr).

Sport und Aktivitäten

Baden

Eine 500 km lange Küstenlinie mit den breitesten Sandstränden Europas und unzählige saubere Seen in Masuren und Pommern böten paradiesische Zustände für die Badefans, wenn, ja wenn – die Sonne nicht so unzuverlässig und das Wasser nicht oft reichlich frisch wäre. Im östlichen Teil der Danziger Bucht ist das Wasser relativ schmutzig. Sieht man von den speziellen Strandabschnitten für *naturzyści* (FKK; Dębki, Chałupy) ab, trägt man Badehose oder Bikini. Auch »oben ohne« wird nicht gerne gesehen.

Angeln

Der Fischreichtum der polnischen Flüsse spricht sich unter Anglern immer mehr herum. Viele polnische Anglergeschäfte bieten Ausrüstungen zu konkurrenzlos niedrigen Preisen an und sind dabei behilflich, die vorgeschriebene Angelkarte zu besorgen.

Golf

Das Golfen wird auch in Polen immer beliebter. Fast jede Region verfügt mittlerweile über Golfplätze, deren Größe und Ausstattung den europäischen Standards entsprechen. Ausführliche Informationen über die jeweiligen Anlagen unter: www.golf.de, www.1golf.eu. Einer der größten Golfplätze in Südpolen ist **Crakow Valley Golf & Country Club,** Paczoltowice, 32-063 Krzeszowice, Tel. 0 12/2 58 85 00, www.krakow-valley.com. Beliebt auch: **Golf & Country Club First Warsaw,** Rajszew 70, 05-110 Jabłonna, Tel. 0 22/7 82 45 55, www.warsawgolf.pl. Beide mit Golfakademie.

Radfahren

Polen ist ein ideales Radfahrerland. Beliebtestes Reiseziel von Radtouristen ist Masuren, doch auch die Küstenregion bietet sich fürs Radwandern an. Es gibt genügend verkehrsarme, meist asphaltierte Nebenstrecken, sodass die Radler Hauptverkehrsstraßen meiden können.

Tipps für Radtouristen hält der **Allgemeine Deutsche Fahrrad-Club** (ADFC) bereit: Grünenstr. 120, 28199 Bremen, Tel. 04 21/34 62 90, www.adfc.de

Wintersport

Die klassische Hochburg des Wintersports (www.snowpage.de) ist **Zakopane** mitsamt den umliegenden Dörfern wie Bukowina Tarzańska (www.zakopane.reisepolen.de). Dort gibt es Hunderte von Schleppliften. In der **Hohen Tatra** konzentriert sich die alpine Abfahrt auf den Berg Kasprowy.

Wanderreiter unterwegs zwischen Barcino und Polanów (Pommern)

Aber auch das **Riesengebirge** mit seinen idyllischen Wintersportorten sowie Szczyrk in den Beskiden ist ausgesprochen reizvoll. Längst kein Geheimtipp mehr sind die Loipen bei Olsztyn, zumal hier das Kontinentalklima in den Wintermonaten für sicheren Schnee sorgt.

Reiten

Reiten und Pferdezucht erfreuen sich in Polen einer langen Tradition. Die staatlichen Gestüte wie die Araberzucht in Janów Podlaski oder die nach dem Zweiten Weltkrieg wieder ins Leben gerufene Trakehnerzucht in Liski und Judyty nördlich von Olsztyn sind berühmt und gelten als Anziehungspunkt sowohl für zahlungskräftige Käufer als auch für zahlreiche Pferde- und Reitsportbegeisterte. Ferien im Sattel werden mittlerweile auch von vielen kleinen privaten Reiterhöfen angeboten (www.reiten-in-polen.de).

Bergwandern

In den Sudeten, Beskiden und der Hohen Tatra kommen Wanderer und Bergsteiger auf ihre Kosten. Hunderte markierter Wanderwege führen durch Nationalparks; etliche Berghütten, im Riesengebirge Bauden genannt, bieten sich für Übernachtungen an. Zur Ausrüstung gehören festes Schuhwerk, eine Regenjacke (Wetterumschwünge!), Pullover und ausreichend Getränke. In der Hohen Tatra und Pieniny werden die exponierten Teile der Wanderpfade mit Ketten und Klammern gesichert, legendär ist der Gipfelweg, der sog. Adlerpfad (Orla Perć), aber auch leichtere Wege bedürfen großer Aufmerksamkeit. Keine Kletterkünste sind dagegen im Riesengebirge und Bieszczady nötig. Doch Vorsicht: Immer wieder kommt es vor, dass Wanderer ihre Kräfte überschätzen.

Special

Unterwegs auf Flüssen und Seen

Wassersport in Masuren

Die Masurische Seenplatte ist ein Eldorado für Wassersportler wie Segler, Kanuten und Surfer. Die zahllosen idyllisch gelegenen Seen werden vielfach durch Flüsse und Kanäle miteinander verbunden und sind geradezu ideal für mehrtägige Kanutouren, zumal es an den schönsten Seeufern Biwakplätze gibt. Ruhe, Einsamkeit und wunderschöne Naturerlebnisse sind bei einer solchen Kanutour garantiert. Unzählige Segelboote sind im Sommer auf den Masurischen Seen unterwegs, fast schon mediterranes Flair herrscht an den Anlegestellen von Sztynort, Mikołajki und Węgorzewo.

Auskünfte über organisierte Reisen mit Segelbooten oder Kajaks erteilen:

- **Polnisches Fremdenverkehrsamt**
  Kurfürstendamm 71
  10709 Berlin
  Tel. 0 30/2 10 09 20
  www.polen.travel/de
- **Polnischer Segelverband**
  Wioska żeglarska PZŻ
  ul. Kowalska 3
  11-730 Mikołajki
  Tel. 0 87/4 21 60 40
- **Polnischer Kanuverband**
  Polski Związek Kajakowy
  ul. Erazma Ciołka 17
  01-445 Warszawa
  Tel. 0 22/8 37 14 70
  www.pzkaj.pl

!! Bevor man lossegelt, braucht man unbedingt eine gute Karte, auf der auch die seichten Stellen und Felsen markiert sind, z. B. »Wielkie Jeziora Mazurskie«, die man vor Ort an den Zeitungskiosken kaufen kann. Gewarnt sei man vor den hier häufig auftretenden plötzlichen Wetterumschwüngen. Vor allem auf dem Spirding-See (jez. Śniardwy) kann eine Idylle mit blauem Himmel im Handumdrehen in ein Gewitter umschlagen. Wenn sich die Wellen türmen und die Ufer in die Ferne rücken, müssen die Segler ihr ganzes Können einsetzen.

Paddeln auf den Flüssen

Die Begegnung mit der unberührten Natur, glasklares Wasser, in dem sich Forellen, Aale und Hechte tummeln, verträumte Seen inmitten dunkler Wälder, das alles macht den Reiz von Kanufahrten im Norden Polens aus. Besonders beliebt sind in der Ostsee-Region die Tour entlang der **Drawa** (Küddow), Fahrten auf der **Parsęta** (Persante) oder der **Brda** (Brahe). Längst schon gut vermarktet ist die **Kajak-Fahrt entlang der Krutynia** (Krutinna) in Masuren – ebenso wie die Stocherkahnfahrten von Krutyń › S. 76 aus. Dennoch ist die zehntägige Paddeltour (auch in Abschnitten zu befahren) von Sorkwity bis zum Bełdan-See ein unvergessliches Erlebnis, geeignet auch für Anfänger oder Familien mit Kindern.

Besonders beliebt ist auch die Tour auf der **Czarna Hańcza,** die im See Hańcza entspringt und in die Memel mündet. Man startet am Wigry-See oder in Stary Folwark (östlich von Suwałki) und erreicht nach rund 100 km Augustów. Dazwischen liegen die Schleusen des Augustów-Kanals und die Wälder des Wigry-Nationalparks › S. 68 (www.wigry.win.pl). Der Anblick eines im See schwimmenden Elches ist auch für erfahrene Kanuten ein einzigartiges Erlebnis.

Die Kanus werden in Krutyń, Mikołajki oder Augustów vermietet (auch Rücktransport). Infos gibt es unter:

- **IT Giżycko**
  ul. Wyzwolenia 7
  Tel. 0 87/4 28 52 65
  www.gizycko.pl
- **IT Mikołajki (Mai–Sept.)**
  Pl. Wolności 3
  Tel. 0 87/4 21 68 50
  www.mikolajki.pl
- **IT Augustów**
  Rynek Zygmunta Augusta 44
  Tel./Fax 0 87/6 43 28 83
  www.augustow.eu/de

Floßfahrten

Die Stromschnellen zwischen den zerklüfteten Bergen der Pieniny wirken gefährlicher, als sie in Wirklichkeit sind. Von Mai bis September werden je zehn Personen (auch Kinder) auf einem Floß vom Dorf Kąty bis nach Szczawnica durch die Dunajec-Schlucht (an der slowakischen Grenze, etwa 50 km nordöstlich von der Hohen Tatra) befördert. Dieses Erlebnis zählt mit Sicherheit zu den Höhepunkten einer Südpolenreise.

- **Anlegestelle Kąty:**
  Reservierung: Tel. 0 18/2 62 97 93

Unterkunft

Hotel »Klezmer-Hois« in Krakau

Polenreisenden steht ein großes Bettenangebot zur Verfügung. **Luxushotels** bieten westlichen Standard zu ebensolchen Preisen. Die Hotels des ehemaligen sozialistischen Monopolunternehmens »Orbis« wurden privatisiert, saniert und firmieren heute oft unter Mercure. Hinzu kommen in letzter Zeit neue, private oder an ausländische Ketten angeschlossene Hotels (z. B. Mariott, Holiday Inn, Sheraton).

In herrschaftlichem Ambiente kann man in **Burgen und Schlössern** › S. 23 übernachten. Kleine, privat betriebene **Pensionen** sind in den Zentren des Fremdenverkehrs weit verbreitet. Die Schilder »Noclegi« oder »Pokoje« bieten Zimmer zur Vermietung an, die genau das Richtige sind, wenn man sparen will. Auch **Urlaub auf dem Bauernhof** *(wakacje agro)* erfreut sich großer Beliebtheit, insbesondere in Hinterpommern, der Kaschubischen Schweiz, den Masuren und Sudeten.

Die Übernachtungskosten schwanken je nach Saison und Unterkunftsdauer. Etwas verwirrend ist die Klassifizierung durch Sterne: Viele Luxushotels haben sich nämlich freiwillig zurückgestuft. Grund ist die gestaffelte Mehrwertsteuer, die je nach Luxusgrad der zu besteuernden Waren und Dienstleistungen zwischen 0 % und 25 % beträgt.

So finden Sie das passende Quartier

Nützliche Internetadressen für die Suche nach einer Unterkunft:

- **Hotels:** www.discover-poland.pl, www.polhotels.com, www.hotelsinpoland.com, www.poltravel.com, www.hotellingpoland.com;
- **Bauernhöfe:** www.wakacje.agro.pl, www.agroturystyka.pl;
- **Schlösser und Herrenhäuser:** www.palace.com.pl;
- **Ferienhäuser:** www.fewo24.de/polen.html, www.dpgalka.de;
- **Jugendherbergen:** www.ptsm.org.pl; **Campingplätze:** www.campingpolska.com, www.campingplatzfinder.de oder www.eurocampings.de.

Polen ist ein Paradies für **Camper.** Die Plätze sind in drei Kategorien eingeteilt und in der Regel vom 1. Mai bis zum 30. September geöffnet. Fragen Sie in einer Buchhandlung in Polen nach der Karte »Campingi w Polsce«. Campingplätze der ersten und zweiten Kategorie verfügen über Plätze für Wohnmobile mit allem, was dazugehört (Stromanschlüsse, Bademöglichkeiten, Restaurants). In den großen Städten liegen die Campingplätze so, dass man mit den lokalen Verkehrsmitteln mühelos die Stadtzentren erreicht. Wer vorher reservieren möchte, wende sich an ein auf Polen spezialisiertes Reisebüro.

Unbewachte Biwakplätze *(miejsca biwakowe)* – meist an Seeufern – sind besonders günstig, bieten allerdings keinerlei Service und sind höchstens mit einem Plumpsklo ausgestattet. Dennoch sind die Plätze vor allem in Masuren und dem Suwalki-Land sehr beliebt. Wildes Campen ist in Polen generell verboten!

Jugendherbergen: Neben den rund 150 ganzjährig geöffneten Häusern werden im Sommer zusätzlich ca. 300 Saisonjugendherbergen eingerichtet. Mit einem internationalen Mitgliedsausweis erhält der Gast 25 % Ermäßigung. Der Aufenthalt ist offiziell auf drei Tage begrenzt. Gruppen müssen sich voranmelden.

Deutsches Jugendherbergswerk, Bismarckstr. 8, 32756 Detmold, Tel. 0 52 31/7 40 10, www.jugendherberge.de.

Echt gut!

Die stimmungsvollsten Schlosshotels

- Das Hotel **Pałac Lubostroń** bei Bydgoszcz › S. 101 ist im Gutshaus eines der schönsten klassizistischen Schlösser Polens untergebracht. **89-210 Łabiszyn, Tel. 0 52/3 84 46 23, www.palac-lubostron.pl.** ●●
- Umgeben von einem majestätischen Park, lässt es sich im Renaissance-Schlosshotel **Zamkowy** in Krasiczyn, im Südosten Polens, herrschaftlich wohnen › S. 119.
- Eine ehemalige Deutschordensburg im masurischen **Ryn,** nahe Giżycko, hat sich zur stimmungsvollen Nobelherberge samt Schwimmbad gemausert › S. 74.
- Herrschaftlich: Das **Pałac Staniszów** bei Jelenia Góra war einst das Schloss der Familie Reuß und ist umgeben von einem englischen Landschaftsgarten › S. 115.
- Das Schloss **Zamek Kliczków,** unweit von Bolesławiec (Bunzlau) in Niederschlesien, wurde in seiner heutigen Form im 19. Jh. für die Grafenfamilie zu Solm-Baruth errichtet. Inmitten pilzreicher Wälder gelegen, mit Pool. **59-724 Osiecznica, ul. Kliczków 8, Tel. 0 75/73 40 700, www.kliczkow.com.pl.** ●●●
- Über die etwas schlichten Räume des **Pałac Myśliwski Radziwiłłów** in Antonin tröstet die Vorstellung hinweg, dass man in einem Originalbau von Karl Friedrich Schinkel übernachtet – im aus Holz erbauten Jagdschloss des Fürsten Anton Radziwiłł. **63-421 Przygodzice, Pałacowa 1, Tel. 0 62/7 34 83 00, www.palac-mysliwski.pogodzinach.net** ●●

Land & Leute

Steckbrief][Geschichte im Überblick][Natur und Umwelt][Die Menschen][Kunst und Kultur][Feste und Veranstaltungen][Essen und Trinken

Steckbrief
Polen

Fläche: 312 683 km^2
Einwohner: 38,17 Mio.
Hauptstadt: Warschau
Größte Städte: Warschau: 1,7 Mio. Einw.; Krakau 756 000 Einw.; Łódź 737 000 Einw; Breslau 633 000 Einw.; Posen 552 000 Einw.; Danzig 457 000 Einw.
Landesvorwahl: 00 48
Währung: 1 Złoty (Zł) = 100 Groszy (ca. 4,35 Zł = 1 €)
Zeitzone: MEZ mit Sommer- und Winterzeit wie in Deutschland

Lage

Das heutige Staatsgebiet reicht von der Ostsee im Norden bis zu den Karpaten im Süden, von der Oder im Westen bis zum Bug im Osten. Polen grenzt an Deutschland, Tschechien, die Slowakei, die Ukraine, Weißrussland, Litauen und die Russische Föderation (Kaliningrader Gebiet).

Politik und Verwaltung

Polen ist eine parlamentarische Demokratie. Das Parlament besteht aus zwei Kammern: Gesetzgebendes Organ und Kontrolle der Regierung ist der Sejm, der Senat ist an der Legislative beteiligt. Oberstes Exekutivorgan ist die Regierung. Die nächste Verwaltungsebene bilden die 16 Wojewodschaften. Alle fünf Jahre wird der Staatspräsident direkt gewählt, amtierender Präsident ist seit 2010 Bronislaw Komorowski, der den regierenden Liberalen nahesteht. Anders als in Deutschland spielt der Präsident eine aktive politische Rolle, v. a. in der Außenpolitik. Der Entwicklungsprozess der parlamentarischen Demokratie nach 1989 verlief dramatisch; die Uneinigkeit der zahllosen Parteien und Interessengruppen führte häufig zu Regierungskrisen. Inzwischen hat sich das System weitgehend stabilisiert und mit Einführung der 5-%-Klausel für Parteien ist auch eine gewisse Kontinuität in der politischen Arbeit gewährleistet.

2005 wurden die zuvor regierenden Postkommunisten wegen

ihrer Verstrickung in Skandale abgewählt. Die Regierung übernahm eine rechte Partei, PiS (Recht und Gerechtigkeit), die mit einer der beiden Bauernparteien sowie mit der rechtsextremen LPR (Liga der Polnischen Familien). Zwar sog die PiS diese Gruppierung nach und nach ein, übernahm aber teilweise ihre EU- und deutschlandskeptische Rhetorik. Diese Politik, aber auch die innenpolitischen Querelen, führten zur Wahlschlappe von PiS. Seit 2007 bildet die liberale Bürgerplattform (PO) die Regierung. Regierungschef ist Ministerpräsident Donald Tusk (Okt. 2011 im Amt bestätigt). Der Tod des konservativen Präsidenten Lech Kaczyński beim Flugzeugabsturz von Smolensk und die Wahl seines liberalen Nachfolgers im Juli 2010 beendeten die Spaltung zwischen Präsidentenamt und Regierung.

Wirtschaft

Die polnische Wirtschaft hat sich weitgehend von der sozialistischen Planwirtschaft befreit und ist ein großer Nutznießer der Westöffnung des Landes und des EU-Beitritts. In der Wirtschaftskrise von 2009 war Polen das einzige größere Land Europas, das einen Zuwachs des Bruttosozialprodukts (etwa 2%; 2010 sogar 3,8%) verzeichnete. Der Złoty blieb stabil, die Inflation gering. Allerdings kamen aufgrund der Krise Hunderttausende Polen, die nach dem EU-Beitritt des Landes 2004 in Großbritannien und Irland Arbeit gesucht hatten, nun joblos wurden und in die Heimat zurückkehrten. Dies trieb die Arbeitslosigkeit auf ca. 13% (2011)hinauf.

Nicht alle Regionen des Landes prosperieren gleichermaßen. Zu den Verlierern zählen Gebiete, in denen zuvor die staatlichen LPGs das Leben prägten, wie Hinterpommern oder das nördliche Masuren. Mancherorts werden kleine, kaum überlebensfähige private Bauernhöfe durch EU-Subventionen künstlich am Leben erhalten. Größter Wirtschaftspartner Polens ist Deutschland.

Sprache

Polnisch gehört zu den westslawischen Sprachen. Zu ihren Eigentümlichkeiten gehört u. a. eine Reihe von eigenständigen Lauten. Zu den wichtigsten zählen die weich ausgesprochenen Konsonanten, die mit einem Strich über dem jeweiligen Buchstaben sowie Konsonanten mit einem hinzugefügten »i« angezeigt werden (»ń«, »ni«: das weiche »n« wie in Kognak; »ś«, »si«: etwa wie in »ich«, »dź«, »dzi«: als würde man nacheinander kurz t-sch-i sagen).

Weitere Besonderheiten sind die Nasallaute »ą« und »ę« (wie in »Bonbon« und »Cousin«) sowie das »ł«, dessen Aussprache an das englische »w« erinnert (»well«). Das ó wird wie u ausgesprochen.

Die meisten der berüchtigten Zischlaute können in deutscher Phonetik umschrieben werden: »sz« = »sch«, »cz« = »tsch«, »rz« und »ż« (gleicher Laut) = »g« in Sergeant oder »j« in Journalist. Es fehlt noch das »szcz« = »schtsch«.

Geschichte im Überblick

966 Mieszko I., ein mächtiger Häuptling der in der Region Posen lebenden Polanen, lässt sich taufen. Mit seinem Übertritt zum Christentum stellt er sich unter den Schutz Roms und dehnt seinen Staat aus (Schlesien und Krakau).

1025 Bolesław I. Chrobry (der Tapfere), der Sohn Mieszkos, zeitweise Herr über die Lausitz, Böhmen und Kiew, lässt sich zum ersten König von Polen krönen.

1138 Nach dem Tode Bolesławs III. Krzywousty (Schiefmund) erben seine vier Söhne je einen Teil seines Reichs. Der Herrscher über Krakau ist politisch mächtiger als die anderen. Diese Regelung beschert Polen langwierige innere Kämpfe und macht es außenpolitisch bedeutungslos.

1225 Konrad I. von Masowien ruft den Deutschen Orden gegen die heidnischen Prußen zu Hilfe.

1320 Władysław Łokietek, Fürst von Sieradz, gelingt die Wiedervereinigung eines Großteils des polnischen Gebietes. Er lässt sich zum König krönen.

1333 Kazimierz Wielki (Kasimir III. der Große) übernimmt von seinem Vater die Krone. Er verdoppelt seinen Herrschaftsbereich und macht durch die Ostexpansion aus Polen einen Vielvölkerstaat.

1386 Litauen und Polen werden durch die Heirat des litauischen Großfürsten Jagiełło mit der polnischen Königin Jadwiga (Hedwig von Anjou) vereinigt. Unter der Jagiellonen-Dynastie kommt es zu einer kulturellen und wirtschaftlichen Blüte.

1466 Zweiter Thorner Frieden mit der Aufteilung des Ordenslandes Preußen und der Einverleibung des reichsten Teils von Preußen (»Königliches Preußen«) durch Polen, einschließlich der autonom regierten Städte Danzig, Elbing und Thorn.

1569 Es entsteht nach einem 100-jährigen Prozess des Zusammenwachsens der Doppelstaat Polen-Litauen. Warschau ist Sitz des gemeinsamen Reichstages, des Sejm.

1573–1791 Zeit der »Wahlkönige«: Nicht die Erbfolge, sondern die Wahl durch den Adel bestimmt den König.

1683 Schlacht am Kahlenberg. Der polnische König Jan III. Sobieski schlägt mit seinem polnisch-österreichisch-bayerischen Entsatzheer die Türken unter dem Großwesir Kara Mustafa bei Wien und rettet somit die Stadt.

1697–1763 Personalunion zwischen Polen-Litauen und Sachsen unter August II. Starken und seinem Sohn August III.

1772, 1793, 1795 In den drei Teilungen Polens wird das Land unter seinen absolutistischen Nachbarn Preußen, Österreich und Russland aufgeteilt.

1830/31, 1863/64: Die zwei wichtigsten Aufstände (der »November-Aufstand« und der »Januar-Aufstand«) richten sich gegen das zaristische Russland; sie werden blutig niedergeschlagen.
1918 Nach dem Ende des Ersten Weltkrieges und der Revolution in Russland entsteht Polen neu. Marschall Józef Piłsudski ist in diesem neuen Staat politisch bestimmend.
1939 Am 1. September fallen deutsche Truppen in Polen ein und lösen den Zweiten Weltkrieg aus; am 17. September besetzt die Rote Armee Ostpolen. Innerhalb kurzer Zeit überrennt die Wehrmacht die schlecht ausgerüstete polnische Armee. Es beginnt die NS-Besatzung des Landes, in deren Verlauf beinahe 6 Mio. polnische Bürger den Tod finden.
1945 Die Siegermächte einigen sich während der Konferenzen von Jalta und Potsdam auf die neuen Grenzen Polens. Stalins Wunsch, das Staatsgebiet von Ost nach West zu verschieben, wird entsprochen. Bald übernehmen die Kommunisten – offiziell die Polnische Vereinigte Arbeiterpartei PZPR – die Herrschaft im Land.
1981 Regierungschef General Jaruzelski ruft am 13. Dezember das Kriegsrecht aus. Die aus den Streiks ein Jahr zuvor hervorgegangene freie, nun rund 10 Mio. Mitglieder starke Gewerkschaft »Solidarność« strebt unter der Führung des Danziger Werftarbeiters Lech Wałęsa die Demokratisierung des Landes an.
1989 Im Zuge des Umwandlungsprozesses in der Sowjetunion und angesichts des wirtschaftlichen Chaos nimmt die kommunistische Führung Verhandlungen mit der Opposition auf und lässt im Juni teilweise freie Wahlen abhalten. Der Kandidat der wieder zugelassenen »Solidarność«, Tadeusz Mazowiecki, wird zum Ministerpräsidenten designiert. Der Aufbau der parlamentarischen Demokratie und der Marktwirtschaft beginnt.
1997 Die neue Verfassung wird verabschiedet.
1999 Polen tritt der NATO bei.
2004 Polen tritt der EU bei.
2005 Rechtsruck nach den Präsidenten- und Parlamentswahlen. Die Zwillingsbrüder Kaczyński aus der PiS-Partei (»Recht und Gerechtigkeit«) kommen an die Macht – Lech als Präsident und Jarosław als Premierminister – und leiten eine Europa-skeptische, betont nationale Politik ein.
2007 PiS wird abgewählt. Die Bürgerplattform (PO) stellt die Regierung mit Donald Tusk (Okt. 2011 wiedergewählt). Im Dezember tritt für Polen das Schengen-Abkommen in Kraft.
2010 Tod des Präsidenten Lech Kaczyński bei der Flugzeugkatastrophe von Smolensk, Russland. Die darauffolgende Präsidentschaftswahl gewinnt der den Liberalen nahestehende Bronisław Komorowski.
2012 Danzig, Warschau, Posen und Breslaus sind die polnischen Spielorte der Fußball-EM Polen/Ukraine.

Natur und Umwelt

Polen ist vorwiegend flach, zwei Drittel des Landes liegen nicht höher als 200 m NN. Die Seenplatten im Norden sind das Erbe eiszeitlicher Gletscher. Das sich anschließende, stark landwirtschaftlich geprägte mittelpolnische Tiefland geht im Süden in Hochebenen über, Reste eines uralten, im Laufe der Jahrmillionen abgeschliffenen Gebirgsmassivs. Polen wird im Süden durch das Karpatengebirge sowie die Sudeten begrenzt. In der Hohen Tatra, einem Bergkamm der Karpaten, erhebt sich der Rysy, der mit 2499 m höchste Gipfel des Landes.

Fast ein Drittel Polens ist von Wäldern bedeckt – Lebensraum für zahlreiche Tierarten, darunter Braunbären, Luchse, Wildkatzen, Elche und Wölfe. Der **Białowieski-Nationalpark** › S. 94 an der weißrussischen Grenze ist ein geschützter, undurchdringlicher Urwald, in dem bis heute Wisente leben.

Bei einer Fahrt durch Masuren fallen dem Reisenden die vielen Störche auf, die auf nahezu jedem Hausgiebel und Kirchturm ihre großen Nester bauen. Überhaupt ist Polen für Vogelfreunde ein Paradies. Der **Biebrzański-Nationalpark** im nordöstlichen Polen, ein riesiges, zusammenhängendes Sumpfgebiet, ist zu einem **Traumziel für Ornithologen** aus der ganzen Welt geworden. Und im **Woliński-Nationalpark** an der Ostseeküste kann man den vom Aussterben bedrohten europäischen Seeadler beobachten.

Echt gut!

Auch wenn Polen zu Recht ein beliebtes Ziel von Naturfreunden ist, zeigt sich doch in vielen Regionen des Landes, wie sehr auch hier die Umweltzerstörung Raum gegriffen hat. Der schlimmste Fluch sind Stein- und Braunkohle, die wichtigsten Energieträger des Landes. Am deutlichsten zeigen sich die verheerenden Folgen im oberschlesischen Industrierevier, noch vor Kurzem Polens wirtschaftliches Herz. Das Zerstörungswerk ist immens: Der saure Regen frisst nicht nur Bäume und Bauwerke, inzwischen müssen auch die hier lebenden Menschen mit ihrer Gesundheit für die jahrzehntelangen Versäumnisse in der Umweltpolitik zahlen.

Die Menschen

Die überwiegende Mehrheit der Bevölkerung sind Polen katholischen Glaubens. Was auf den ersten Blick als Selbstverständlichkeit erscheinen mag, ist in der tausendjährigen Geschichte des Landes eher ein Ausnahmezustand. Während vieler Jahrhunderte war Polen ein Vielvölkerstaat, in dem neben den Polen Russen, Weißrussen, Ukrainer, Slowaken, Letten, Litauer und Juden ihre Heimat hatten. Auch viele Deutsche, vor allem Preußen und Schlesier, lebten im polnischen Königreich. Erst als Ergebnis des Zweiten Weltkriegs entstand ein einheitlich polnischer Nationalstaat – ein schmerzlicher Prozess, sowohl für die Deutschen, die aus ihrer Heimat vertrieben wurden, als auch für die polnischen Bewohner großer Gebiete des ehemaligen Ostpolens, denen Stalin dasselbe Schicksal bereitete. Das Staatsgebiet wurde nach Stalins Willen weit von Osten nach Westen verschoben, sodass auch unzählige Polen ihre Heimat verlassen mussten. Das Verhältnis zu den wenigen Mitgliedern nationaler Minderheiten, wie Ukrainern, Weißrussen und Deutschen, hat sich, seit die polnischen Staatsgrenzen von allen Seiten als unverrückbar anerkannt worden sind, deutlich verbessert.

Religion

Die immense Rolle, die in Polen die katholische Kirche spielt, resultiert aus der Geschichte. Oft genug musste die Kirche die Rolle des Staates mit übernehmen, und dies nicht allein in Zeiten, als gar kein polnischer Staat existierte. 1945–1989 war sie die einzige vom atheistisch-sozialistischen System unabhängige Institution. An der Demontage dieses Systems mitbeteiligt war Karol Wojtyła, der 1978–2005 als Papst Johannes Paul II. amtierte – eine Persönlichkeit, die quer durch alle sozialen Schichten und politischen Lager, auch nach seinem Tode, höchstes Ansehen genießt. Zu den konfessionellen Minderheiten zählen die orthodoxen Ukrainer, die polnischen Protestanten aus dem sog. Olsa-Schlesien und die jüdischen Gemeinden, vorwiegend in Warschau und Krakau.

Kinder in Tracht bei der Segnung der Speisen am Ostersamstag

Kunst und Kultur

Jahrzehntelang war man in Polen stolz darauf, das Land mit dem höchsten Pro-Kopf-Etat an Kultur zu sein. Doch diese goldenen Zeiten sind zusammen mit dem Sozialismus untergegangen. Film, Theater, bildende Kunst, Musik und Literatur sehen sich heute dem harten Wind der Marktwirtschaft ausgesetzt. Dass Polen dadurch aber keineswegs zu einem kulturlosen Land geworden ist, zeigt sich allerorten – sogar im Ausland: Polnische Theatergruppen werden wie eh und je bei Gastspielen gefeiert, polnische Musiker gehören zum festen Bestandteil vieler Festivals und der gute Ruf des polnischen Films ist ungebrochen.

Film und Theater

Das polnische Theater reicht vom klassischen nationalen Repertoire (Adam Mickiewicz 1798–1855, Juliusz Słowacki 1809–1849, Stanisław Wyspiański 1869–1907) bis zum modernen Avantgarde-Theater. Jerzy Grotowski mit dem Breslauer »Armutstheater« sowie der Krakauer Tadeusz Kantor waren hier tonangebend. Auch wenn die Filmemacher mehr als bildende Künstler oder Musiker auf finanzielle Förderung durch die sozialistischen Kulturkader angewiesen waren, die ihnen damit auch inhaltliche Vorgaben diktieren konnten, gab es dennoch viele, die zu einer verschlüsselten Gesellschaftskritik fanden (Andrzej Wajda, Marek Piwowski, Krzysztof Zanussi). Andere sahen den einzigen Ausweg in der Emigration; der bekannteste von ihnen ist Roman Polański.

Plakatschule und moderne Musik

Seit den 1960er-Jahren blüht die polnische Plakatschule. Ihre größten Vertreter – Jan Lenica, Franciszek Starowieyski, Waldemar Świerzy – erhoben den Gebrauchsgegenstand Plakat in den Rang einer Kunstgattung. Auch die moderne Musik Polens machte sich international einen Namen. Witold Lutosławski (1913–1995) und Krzysztof Penderecki (geb. 1933) zählen mit ihren Werken inzwischen zu den Musikklassikern. 1992 entdeckten Kritiker die »Dritte Symphonie« eines Komponisten aus Katowice, Henryk Mikołaj Górecki (geb. 1933), der das Stück 17 Jahre zuvor komponiert hatte. Es nahm sofort die ersten Plätze der Klassik-Hitparade ein. Neben der klassischen Musik ist »Polish Jazz« ein fester Begriff.

Literatur

Die polnische Literatur ist in Deutschland fest verankert, nicht zuletzt dank Karl Dedecius, dem Übersetzer, Ideengeber und Herausgeber der »Polnischen Bibliothek« im Suhrkamp Verlag. Die größten Auflagen erreichten hierzulande Autoren wie der Aphorist Stanisław Jerzy Lec, der Altmeister der Science-Fiction-Literatur Stanisław Lem sowie der Essayist Ryszard Kapuścinski. Die neue Generation der polnischen Schriftsteller, sei es Andrzej Stasiuk, Olga Tokarczuk, Stefan Chwin oder Paweł Huelle, setzt sich auch mit Fragen der Identität der Menschen auseinander, die sich nach 1945 in den ehemaligen Ostgebieten Deutschland niederließen.

Adam Mickiewicz im Porträt

Buch-Tipp Stephan Möller sagt scherzhaft, dass er in Polen nach Benedikt XVI. der zweitbekannteste lebende Deutsche sei. Der Kabarettist aus Wuppertal und Fernseh-Star brachte seine Erfahrungen aus 14 Jahren Polen zu Papier. **Viva Polonia. Als deutscher Gastarbeiter in Polen** (Scherz 2008), wochenlang an der Spitze der Spiegel-Bestseller-Liste, blickt schmunzelnd und kritisch auf Deutschlands östliche Nachbarn. Möller bringt die polnischen Komplexe ebenso wie die Werte auf den Punkt: den Hang zur Anarchie, Neigung zur Dramatik, aber auch Bescheidenheit, Vorrang der Familie, Einstellung zur Kirche, ferner die Küche, das Klima, Korruption und die Komplimente. Eine perfekte Reiselektüre!

Adam Mickiewicz

Nachdem die polnische Adelsrepublik untergegangen war, übernahmen die Künstler die Rolle nationaler Führer. Der größte polnische Romantiker, der aus Litauen stammende Adam Mickiewicz (1798–1855), besang die Freiheitskämpfer und zeichnete in seinem Epos »Herr Thaddäus« (1834) ein idealisiertes Bild der polnisch-litauischen Adelsrepublik, dem Staat vor den Teilungen. Mickiewicz lebte übrigens wie viele andere polnische Schriftsteller, Maler und Musiker (z. B. Frédéric Chopin, 1810–1849) in Paris. Seine mit Goethe in Deutschland vergleichbare Stellung erkennt man an den zahlreichen Mickiewicz-Denkmälern. Welche Bedeutung er heute noch besitzt, wird deutlich, wenn man bedenkt, dass es im März 1968 zu einer Studentenrevolte kam, nachdem die Zensur eine besonders provokante Interpretation seines Theaterstücks »Die Totenfeier« absetzte.

Feste und Veranstaltungen

Das reiche Musikleben des Landes drückt sich in vielen Festivals aus, die alle Musiksparten abdecken, von Klassik über Jazz und Rock bis hin zu Folklore und Ethno-Klängen.

Zu Ehren des größten Sohnes des Landes findet alle fünf Jahre (das nächste Mal 2015) der renommierte Warschauer Chopin-Wettbewerb statt (www.culture.pl; www.konkurs.chopin.pl). Allgemeine Infos zu den Festivals im ganzen Land gibt die Warschauer Touristeninformation › S. 90. Über die Krakauer Festivals kann man sich beim Centrum Informacji Kulturalnej, ul. Św. Jana 2, 31-018 Kraków, Tel. 0 12/ 4 21 77 87, www.karnet.krakow.pl, informieren.

Festkalender

März: Jazz nad Odrą (Jazz an der Oder) – Freunde des Jazz treffen sich in Breslau.

März/April: Zu Ostern finden auf dem Kalvarienberg von Kalwaria Zebrzydowska (35 km von Krakau) die berühmtesten **Passionsspiele** des Landes statt.

Mai: Poznań Jazz Fair – Jazzfestival in Posen.

24. Juni: In der **Johannisnacht** werden nach Einbruch der Dunkelheit Kränze mit brennenden Kerzen *(wianki)* auf Flüsse und Seen gesetzt. Volksfeste, Tanzvergnügen, Bootsparaden und Feuerwerke sorgen für eine ausgelassene Festtagsstimmung.

Juni: Seit der Wende veranstaltet, lockt das **Festival der Jüdischen Kultur** im Krakauer Stadtteil Kazimierz Ende Juni/Anfang Juli von Jahr zu Jahr mehr Besucher an, und das nicht nur zum nächtlichen Abschlusskonzert auf der Szeroka-Gasse, wenn zu Klezmer-Klängen Tausende mitsingen und mittanzen. Darüber hinaus: Ausstellungen, Workshop zur jüdischen Küche, Besichtigungsprogramme und Sprachkurse für Jiddisch (www.jewishfestival.pl).

Juni/Juli: Folklorefestival in Kazimierz Dolny; die Warschauer Kammeroper (www.opera kameralna.pl) veranstaltet **Mozartfestspiele;** Rittervereine treffen sich am 15. Juli in Grunwald (bei Allenstein), wo 1410 die **Tannenberg-Schlacht** ausgefochten wurde und spielen diese nach, dem 600-jährigen Jubiläum der Schlacht in 2010 wohnten 200 000 Zuschauer bei (www.grunwald 1410.pl); Ende Juni findet in der Regel das **Posener Theaterfestival** statt. Ensembles aus diversen Ländern spielen auf der Freilichtbühne am Malta-See (www.malta-festival.pl);

Juli: Konzertsommer für **Orgelmusik** an der berühmten Barockorgel des Doms zu Oliwa bei Danzig, in Święta Lipka oder in Kamień Pomorski; **Warsaw Summer Jazz Days** (bis August); das **Festival des Liedes** in der

Klezmorim musizieren beim Festival der Jüdischen Kultur in Krakau

Waldoper in Sopot hat schon etliche Höhepunkte erlebt, wie z. B. den umjubelten Auftritt einer bis dahin unbekannten schwedischen Gruppe namens ABBA. Mitte des Monats **Shantys in Giżycko** (Masuren), das größte Volksfest dieser Art in Polen (www.gizycko.turystyka.pl). Am letzten Juli-Wochenende Festival der Country Musik in Mrągowo **(Piknik Country),** das von Michael Lonstar, einer Kultfigur der Szene, gefördert wird (www.festiwalpiknikcountry.pl).
August: Großes Renommee genießt das **Straßentheaterfestival in Jelenia Góra,** bei dem die ganze Hirschberger Altstadt zur Bühne wird (www.teatr.jgora.pl); **Folklorefestival** in Zakopane und in Krakau; **Festival Kultury Romów** (Festival der Kultur von Roma und Sinti) in Ciechocinek; Mitte August findet ein internationales Festival des traditionellen Jazz in Iława statt: **Złota Tarka** (www.zlotatarka.pl); **internationale Ritterspiele** in der Deutschordensburg Golub-Dobrzyń. Ein unvergessliches Erlebnis ist das **Fest der Verklärung Christi** im orthodoxen Kloster Grabarka, etwa 100 km östlich von Warschau (bei Siemiatycze). Bei einer nächtlichen Prozession am 18./19. August schleppen Pilger Holzkreuze auf den Hl. Berg.
September: Wratislavia Cantans in Breslau, ein klassisches Musikfestival (www.wratislavia.art.pl); **Warschauer Herbst** (www.warsaw-autumn.art.pl), ein renommiertes internationales Festival Zeitgenössischer Musik.
Oktober: *Das* Event für Jazzfans ist das **Jazz Jamboree** in Warschau in der dritten Oktoberwoche (www.jazz-jamboree.pl).
Dezember: Krakauer Krippenausstellung im Historischen Museum und Franziskaner-Kirche.

Essen und Trinken

Barszcz ist ein polnisches Nationalgericht

Bodenständige, deftige Gerichte, die Fleisch als Grundlage haben, sind für die polnische Küche typisch. Zu einigen Fleischspeisen wird Buchweizengrütze *(kasza gryczana)* serviert. Auch Kartoffeln, Brot und Gemüse spielen eine große Rolle. Zum Frühstück und Abendessen wird gern Wurst *(kiełbasa)* gereicht. Die Zeiten der fettigen sozialistischen Einheitswurst sind vorbei – und die Vielfalt ist mit rund 240 Sorten groß (z.B. Krakauer, Graupenblutwurst und schlesische Spezialitäten).

Bigos und Barszcz

Die Nationalgerichte Polens sind kulinarische Zeugnisse der Internationalität der alten polnischen Republik: So sind die verschiedenen *Barszcz*-Sorten (ähnlich dem russischen Borschtsch, der Rote-Bete-Suppe) ukrainischer Provenienz. *Rosół z kołdunami*, eine Brühe, in der Fleischtaschen schwimmen, soll aus Litauen stammen. Viele Fleischgerichte, allen voran das Eisbein *(golonka)*, haben vermutlich Deutschstämmige eingeführt. Angeführt werden die Nationalgerichte vom *Bigos*, einem Eintopfgericht, das u. a. aus Sauerkraut, Kohl, Steinpilzen und Fleischeinlagen besteht.

Alles Suppe

Die Polen seien europaweit die größten Suppenesser, heißt es. Beliebt ist *Barszcz* (Rote-Bete-Suppe). Sie wird meist mit Fleischtäschchen, den sog. Öhrchen *(uszka)*, serviert. Fehlen die Öhrchen, dann finden Sie neben dem Teller ein *krokiet* oder *pasztecik*, eine Art Pfannkuchen mit Fleischfüllung. Das Grün der Roten Bete liefert die Basis einer anderen Barszcz-Sorte, der *botwinka*. Im Sommer sollten Sie *chłodnik* probieren, eine köstliche Kaltschale aus Roter Bete, Kefir, Gurken, Schinken und einem hartgekochten Ei. Auch *żurek* (Saure Mehlsuppe aus vergorenem Roggenschrot), *grochówka* (Erbsensuppe) und *ogórkowa* (Gurkensuppe) sind beliebt. An den allgegenwärtigen *flaki* (Kuttelnsuppe) scheiden sich die Geister.

Ein Menü

Wenn Ihnen Beefsteak, Tatar oder Hering in Sahne als Vorspeisen nicht zusagen, wenden Sie sich am besten den Suppen zu. Der üppige zweite Gang eines polnischen Menüs besteht aus sehr viel Fleisch und etwas Gemüse. Manchmal reicht man *ćwikła*, geriebene Rote Bete mit Meerrettich. Es wird auch viel Geflügel (z. B. *kaczka po staropolsku*, Ente mit Äpfeln) und Wild (*dziczyzna*, oft mit Preiselbeeren) gegessen. Wem dies alles zu mächtig ist, der kann leckere *pierogi* (gefüllte Teigtaschen) bestellen. Als Nachtisch werden Kuchen, Torten, Pudding *(budyń)* oder Götterspeise *(galaretka)* gereicht.

Getränke

Tee *(herbata)* und Kaffee *(kawa)* werden gewöhnlich jedem Besucher angeboten. Den Kaffee trinkt man daheim noch oft *po turecku*, auf türkische Art mit Kaffeesatz.

Seit dem Mittelalter ist Met bzw. Honigwein in Polen beliebt. *Miód pitny* wird als »Dwójniak« (halb Wasser, halb Honig) oder als »Trójniak« (ein Drittel Honig, zwei Drittel Wasser) verkauft. Sonst entspricht das Weinangebot dem, was man auch in deutschen Restaurants bekommt. Das wichtigste Alkoholgetränk ist der *wódka* (Wässerchen), aber auch Bier *(piwo)* wird zunehmend gern getrunken. Bekannte Marken heißen Tyskie, Lech, Okocim und Żywiec. Ein großes Bier (0,5 l) wird als »jedno duże« bestellt, ein Kleines (0,33 cl) als »jedno małe«.

Echt gut!

Die besten polnischen Restaurants

- Speisen wie einst der polnische Adel: Im **Wierzynek** in Krakau genießt man Gerichte, die schon vom 16. bis 18. Jh. bei Hofe kredenzt wurden, etwa Wild und Ente mit Met und Tokai-Weinen › S. 127.
- Ente auf Altpolnisch, mit gebackenen Äpfeln serviert, zählt zu den Spezialitäten des **Tawerna** in Danzig, unweit vom Grünen Tor gelegen › S. 51.
- Das **Lwowska** in Breslau erinnert daran, dass das polnische Lemberg vor 1939 eine eigene Küche hatte. Man sollte Pfifferlinge, Kaninchen oder die Brotsuppe probieren › S. 111.
- Wer kaschubische Spezialitäten, wie Birne in Schokolade oder Walnusssuppe, testen möchte, ist im **Karczma pod Kluką** in Słupsk genau richtig › S. 60.
- Typische Goralenküche mit speziellen Käsesorten, z. B. gebratenem Oscypek, bietet das **Obrochtówka** in Zakopane › S. 133.
- Direkt unter dem Annaberg gelegen, bietet die Herberge **Zajazd pod Górą Chełmską, Święta Anna, ul. Leśnicka 26, Tel. 0 77/4 61 54 84,** ●●, die Gelegenheit, einmal eine echte oberschlesische Roulade mit Klößen und eine Saure Mehlsuppe (żurek) zu kosten.
- Etwas ganz Besonderes sind die jüdischen, wenngleich nicht koscheren Spezialitäten im **Pod Samsonem** in Warschau. Karpfen nach jüdischer Art (in Gelee mit Mandeln und Rosinen) – ein Gedicht! › S. 91

Unterwegs in Polen

Entdecken Sie die einzelnen Reiseregionen – jeweils mit den schönsten Touren, allem Sehens- und Erlebenswertem, Hotel-, Restaurant-, Nightlife- und Shoppingtipps

Die Ostseeküste

Nicht verpassen!

- An der Küste auf Bernsteinsuche gehen
- Die atemberaubende Dünenlandschaft des Słowiński-Nationalparks
- Am Abend über den Langen Markt in Danzig spazieren
- Die Marienburg in der Nachmittagssonne fotografieren
- Die spätgotische Backsteinbasilika von Stargard Szczeciński bewundern

Karte Seite 42

Zur Orientierung

Der Artushof in Danzig

Ausspannen und am Strand faulenzen – die Ostseeküste mit ihren kilometerlangen, breiten Sandstränden bietet dafür ideale Bedingungen. Im Hochsommer platzen nicht nur die bekannten Küstenorte zwischen Stettin und Danzig, wie Kołobrzeg, Darłowo und Hel, sondern auch die zahlreichen winzigen Dörfer am Meer aus allen Nähten. Und dennoch: Jeder findet an der polnischen Ostsee, wenn er denn möchte, sein privates Strandparadies. Touristisch ist die Region sehr gut erschlossen. Wer gerne zeltet, hat die Wahl unter dicht gesäten Camping- und Biwakplätzen.

Die zwei wichtigsten Städte an der Ostsee sind Stettin, die Hauptstadt des heutigen Westpommern, und Danzig. Wenn auch im Zweiten Weltkrieg stark in Mitleidenschaft gezogen, bietet Stettin einige bedeutende Bauwerke und viel großstädtisches Flair. Touristisch gesehen bedeutender ist aber zweifellos Danzig. Von 1920 bis 1939 war die mehrheitlich von Deutschen bewohnte Hansestadt, zusammen mit den umliegenden Gebieten des Weichselwerders, eine Freistadt, in der der Vertreter des Völkerbundes residierte. Im Zweiten Weltkrieg in Schutt und Asche gelegt und nach dem Krieg auf bewundernswerte Weise wiederaufgebaut, lockt Danzig heute mit der grandiosen Kulisse der Rechtstadt. Und von hier ist eine der wichtigsten Sehenswürdigkeiten des Landes rasch zu erreichen: die berühmte Marienburg (Malbork).

Naturparadiese wie die einzigartigen Wanderdünen von Łeba im Słowiński-Nationalpark versprechen ungewöhnliche Landschaftserlebnisse, und im Hinterland der Kaschubei gibt es die besten Fahrradstrecken der Region. Der wahre Reiz Hinterpommerns aber liegt laut Christian Graf von Krockow im »Verborgenen, Lieblichen der hinterpommerschen Landschaft …« Sanfte Hügel, Wälder und Seen laden zu einer individuellen Entdeckungsreise ein – sieben Tage sollten Sie mindestens dafür einplanen.

Atemberaubend: die Dünenlandschaft von Łeba

Touren in der Region

Entlang der Ostseestrände

(4) Świnoujście › Międzyzdroje › Kołobrzeg › Darłowo › Łeba › Hel › Piaski

Dauer: ca. 1 Woche
Praktische Hinweise: Ein Auto ist unabdingbar, die Entfernung beträgt 500 km (inkl. Halbinsel Hel 535 km). Seit für Polen das Schengen-Abkommen gilt, kommt man auch mit dem Auto vom deutschen Teil Usedoms ins polnische Świnoujście, von dort mit einer Autofähre auf die Insel Wollin. Über weite Strecken führen die Straßen nicht direkt entlang der Küste, sodass man zum Strand hin immer wieder Abstecher machen muss. Vom Baden in der Danziger Bucht ist abzuraten, das Wasser ist zu verschmutzt. Erst östlich der Weichselmündung wird es wieder sauberer.

Tag 1: Von Świnoujście (Swinemünde) geht es zunächst nach **Wollin.** Die Ostseeinsel in der Odermündung mit dem mondänen Badeort **Międzyzdroje** › S. 60 und einem Nationalpark bietet herrliche Wanderwege. Am nächsten Tag führt die Route vorbei an den Badeorten der **Bernsteinküste:** an **Trzęsacz** mit dem Überbleibsel einer gotischen Kirche direkt an der Steilküste und an den Orten **Pobierowo, Rewal** und **Niechorze,** die durch eine Schmalspurbahn miteinander verbunden sind. Über die mittelalterliche Stadt **Trzebiatów** (Treptow) im Landesinneren erreicht man die Küste erneut im Lieblingsort des deutsch-amerikanischen Malers Lyonel Feininger (1871–1956): in **Mrzeżyno.** Tausende von Urlaubern bevölkern im Sommer die Strände von **Kołobrzeg** › S. 60 (Übernachtung), **Ustronie Morskie, Mielno** und **Łazy.** Nächste Station: **Darłowo** (Rügenwalde). Hier be-

(4) Entlang der Ostseestrände
Świnoujście › Międzyzdroje › Kołobrzeg › Darłowo › Łeba › Hel › Piaski

Karte Seite 42

sichtigt man eine Burg der pommerschen Herzöge, die spätgotische Marienkirche mit dem Grab König Eriks I. und die eigenwillige achteckige Friedhofskirche St. Gertruden. Wer sich nach dem Kulturprogramm wieder mehr auf Naturerlebnisse freut, fährt weiter über **Jarosławiec** mit einem sehenswerten Leuchtturm und einem Aquapark, **Ustka, Rowy,** bis ***Łeba** › S. 56, wo der ****Słowiński-Nationalpark** lockt (2 Tage). Über kleine Nebenstraßen, vorbei an dem wunderschönen Strand in **Dębki** und **Karwia,** gelangt man zur Putziger Nehrung, nach **Władysławowo.** Da der vorherrschende Westwind immer wieder Sand nach Osten treibt, haben sich Buchten längst in Süßwasserseen und Haffs verwandelt, während die Küstenlinie nunmehr relativ geradlinig verläuft. Auch die Putziger Nehrung, hätte man sie nicht künstlich in ihrem Wachsen behindert, wäre schon längst zur Nehrung und die ganze Danziger Bucht zu einem großen Haff geworden. Von **Jastrzębia Góra** (Habichtsberg), dem eleganten Badeort aus der

(5) **Fahrradtour durch die Kaschubei** Kartuzy › Chmielno › Miechucino › Linia › Lębork

(6) **Wanderung durch den Słowiński-Nationalpark** Rowy › Gardno-See › Czołpino › Lonzker Düne › Łeba

Vorkriegszeit, gelangt man entlang der imposanten Steilküste zum nördlichsten Punkt Polens, zum **Kap Rixhöft** bzw. **Rozewie** mit einem sehenswerten historischen Leuchtturm (Museum).

Schöne Strände erstrecken sich auch an der Putziger Wiek (Zatoka Pucka) und in der Danziger Bucht, so im traditionsreichen **Sopot** (Zoppot) › S. 52, einem Treff der Schönen und Reichen, wo man gut zwei Tage verbringen kann. Die letzten 35 km macht der polnische Teil der **Frischen Nehrung** (Mierzeja Wiślana) aus. Bevor in **Piaski** der Grenzzaun die Weiterreise nach Russland versperrt, lohnt ein Halt im populärsten Badeort der Gegend: in **Krynica Morska** (Kahlberg).

Fahrradtour durch die Kaschubei

⑤ Kartuzy › Chmielno › Miechucino › Linia › Lębork

Dauer: 1 Tag, ca. 65 km
Praktische Hinweise: Man fährt von Danzig aus mit dem Zug (Fahrradmitnahme) zum Startpunkt, nach Kartuzy; vom Endpunkt, Lębork, geht es wieder mit der Bahn nach Danzig zurück. Die Tour führt überwiegend über wenig befahrene Landstraßen, bis auf einige kurze Strecken geht es meist bergab. Nehmen Sie Proviant mit, unterwegs gibt es keine Restaurants. Wasser bekommt man aber in den Geschäften an der Strecke.

Diese Radtour führt durch die landschaftlich ausgesprochen reizvolle Kaschubische Schweiz (Szwajcaria Kaszubska) mit ihren ursprünglichen Dörfern, Wäldern und Seen. Ihr Name spielt auf die Höhenunterschiede an: Der Wieżyca ist mit seinen 329 m die höchste Erhebung der nordeuropäischen Tiefebene zwischen Schleswig und dem Baltikum.

In **Kartuzy** (Karthaus) sind die Kartäuserkirche (14. Jh.) und das Kaschubische Museum unbedingt einen Besuch wert. Von dort radelt man zunächst auf einer größeren Straße Richtung Bytów nach **Ręboszewo.** Über das bekannte Töpferdorf **Chmielno** und entlang des Sees **Radunskie Dolne** führt der Weg bis **Przyrowie** (9 km), wo man scharf nach rechts Richtung **Miechucino** abbiegt und der Weg in die Hauptstraße von Kartuzy nach Lębork mündet. Eine kleine Nebenstraße ist im Ort Richtung Mirachowo ausgeschildert und schlängelt sich zunächst nach oben an einem unter Denkmalschutz stehenden kleinen Bahnhof aus dem ausgehenden 19. Jh. vorbei. Eine längere Abfahrt führt nach **Mirachowo,** wo ein aus Holz erbautes Gutshaus des polnischen Kleinadels aus dem 18. Jh. Aufmerksamkeit verdient. Weiter geht es durch das malerische **Łeba-Tal** Richtung **Strzepcz.** In **Miłoszewo** folgt man dem Schild »Linia 6 km« links, zunächst steil bergauf. Ist man am obersten Punkt einer gemütlich zu radelnden Schotterpiste angelangt, sollte man nicht versäumen, nach einem kleinen preußischen Schulgebäude in dem kleinen Weiler **Głodnica** Ausschau zu halten. Der Direktor hat dort ein winziges kaschubisches Museum eingerichtet, das er interessierten Besuchern gerne öffnet. Weiter geht es danach bis **Linia,** dann etwa 18 km über **Zakrzewo, Popowo** und **Dziechno** immer in Richtung **Lębork** (Lauenburg). Die letzten 6 km durch den Wald bieten die vielleicht schönste Abfahrtstrecke in ganz Nordpolen. Am städtischen Friedhof angelangt, schaut man sich die kleine Ordensburg von Lauenburg an und nimmt den Zug zurück nach Danzig.

Wanderung durch den Słowiński-Nationalpark

6 Rowy › Gardno-See › Czołpino › Lonzker Düne › Łeba

Dauer: 1 Tag, 30 km
Praktische Hinweise: Am besten lässt man sich frühmorgens mit einem Taxi nach Rowy bringen und hat dann den ganzen Tag Zeit, nach Łeba zurückzuwandern. Der Wanderweg ist rot markiert. Fotoapparate und Kameras sollten vorsorglich in Plastiktüten verpackt werden – der unablässig blasende Wind führt dazu, dass sich überall Sand absetzt. Nehmen Sie ausreichend Proviant mit, unterwegs gibt es keine Gelegenheit einzukehren.

Der folgende Wanderweg erschließt den 1964 gegründeten Słowiński-Nationalpark, in dem ein Küstenabschnitt samt Nehrung sowie zwei Seen unter Naturschutz stehen. Geschützt wird hier die einmalige Vogelwelt des Łeba-Sees, der, nur 3 m tief, unzähligen Vögeln, darunter einer seltenen Doppelschnepfe, Unterschlupf bietet. Besucher erwartet eine spektakuläre Dünenlandschaft, deren Dünen zum Teil über 50 m hoch sind und damit Rang drei in Europa einnehmen – nach den Dünen im Golf von Biscaya in Frankreich sowie der Kurischen Nehrung in Litauen.

Zunächst geht es von **Rowy** aus entlang des **Gardno-Sees,** danach durch einen herrlichen Mischwald an zwei kleinen verlandenden Seen – Dołgie Duże i Dołgie Małe – vorbei, bis man **Czołpino,** die höchste Düne des Parks, erreicht, die schon seit dem 19. Jh. bewaldet ist, einen Leuchtturm besitzt und längst nicht mehr wandert. Der Weg führt zu einem herrlich breiten, meist menschenleeren Sandstrand. Erneut trifft man auf zahlreiche Tagesausflügler aus Łeba, biegt vom Strand ab und erklimmt mit etwas Anstrengung die höchste Düne – die **Lacka-Düne** (Lonzker Düne). Zurück geht es durch einen schönen Erlenwald bis zur Endstation der Elektromobile, die einen nach Łeba zurückbringen. Bleiben ein paar Minuten Zeit, kann man einen Blick in die Ruinen der V-1-Anlage aus der NS-Zeit werfen.

Unterwegs an der Ostseeküste

1 **Danzig (Gdańsk) 1

Polnische Restauratoren haben in Danzig ein wahres Meisterwerk vollbracht. Sie haben nach dem Zweiten Weltkrieg die zu 90 % zerstörte Rechtstadt mühsam wiederaufgebaut. Heute zeigt sich die einstige Hansestadt (456 000 Einw.) wieder in alter Pracht.

**Die Rechtstadt

Wer sich heute auf einen Rundgang durch die rekonstruierte Rechtstadt (Główne Miasto) begibt, kann kaum glauben, dass hier noch vor knapp 50 Jahren ein einziges Trümmerfeld war. Man betritt die Rechtstadt an der westlichen Seite durch das prachtvolle, 1588 errichtete ***Hohe Tor** (Brama Wyżynna) Ⓐ. Hier beginnt der ***Königsweg,** auf dem einst die Herrscher Einzug in die Stadt hielten. Durchs ***Goldene Tor** Ⓑ, einen manieristischen Bau von großer Pracht, betritt man nun die ***Langgasse** (ul. Długa). Bevor man dem Königsweg in Richtung Mottlau folgt, bietet sich ein Abstecher zum ***Großen Zeughaus** (Wielka Zbrojownia) Ⓒ an, einem manieristischen Bau, der um 1600 errichtet wurde.

Zurück in der Langgasse, erblickt man prachtvolle Patrizierhäuser. Sie zeugen vom Reichtum der Kaufmannsdynastien, die sich hier repräsentative Wohnsitze errichten ließen. Besonders schön ist das ***Uphagen-Haus** (Dom Uphagenów) in dem ein Museum bürgerlicher Wohnkultur eingerichtet ist (ul. Długa 12, Di 10–15, Mi–Sa 10–16, So 11–16 Uhr).

Das ***Rechtstädtische Rathaus** (Ratusz Głównego Miasta) Ⓓ am Ende der Langgasse ist ein gotischer Backsteinbau, der um 1600 umgestaltet wurde. Das restaurierte Innere beherbergt heute das Museum zur Stadtgeschichte (Di 10–15, Mi–Sa 10–16, So 11–16 Uhr; z. Zt. Sanierung). Die **Prachtentfaltung des Roten Saals** Echt gut! übertrifft alles andere, große Bil-

Blick aus der Vogelperspektive auf die Frauengasse in der Rechtstadt

der überziehen Wände und Decke. Das vor 1945 ausgelagerte Interieur ist weitgehend original.

Die Langgasse mündet auf den **Langen Markt** (Długi Targ) **E**, eine breite Straße, die schöne Bürgerhäuser mit Fassaden verschiedener Stilepochen säumen. Ins Auge sticht ein Haus, dessen Fenster die gesamte Höhe des Unterbaus einnehmen. Dies ist der **Artushof,** der den Danziger Patriziern als repräsentativer Rahmen für ihre Versammlungen diente. Davor versinnbildlicht der Neptunbrunnen aus dem 17. Jh. die Bedeutung Danzigs als Seemacht. Auch das benachbarte

Fahrt zur Westerplatte

Geschichtlich Interessierte können einen **Schiffsausflug zur Westerplatte** machen. Ein Monumentaldenkmal erinnert an den Beginn des Zweiten Weltkriegs, an die siebentägige Verteidigung eines polnischen Munitionsdepots auf der Halbinsel durch 182 Soldaten gegen die übermächtige deutsche Wehrmacht. Neben dem Denkmal befindet sich auf der Westerplatte auch ein Museum, das an die Kampfhandlungen im September 1939 erinnert. Die Fahrt geht vorbei an den Werften und der alten Festung Weichselmündung.

Echt gut!

Start: Anlegestelle der Ausflugsdampfer am Grünen Tor (die Schiffe fahren im Sommer stdl.); man sollte einen halben Tag einplanen.

Buch-Tipp Die Vorgänge in Danzig während des Zweiten Weltkriegs spielen in Günter Grass' Roman **Die Blechtrommel** eine Rolle. Nach einem Danzigbesuch wird man das Buch sicher mit einem ganz anderen Verständnis für die beschriebenen Ereignisse lesen.

Goldene Haus (Złota Kamienica) mit einst vergoldeten Reliefs und Ornamenten, dessen Fassade das Inferno von 1945 überstanden hat, ist ein Blickfang.

Das **Grüne Tor** (Brama Zielona) **F** an der Ostseite des Langen Marktes bildet den Abschluss des Königsweges zur Mottlau hin. Der Blick schweift hinüber zur Speicherinsel mit dem **Milchkannentor** (Stagwie Mleczne) **G**. Seine beiden massiven Rundtürme sind Basteien der ehemaligen Stadtbefestigung.

Auf der **Uferpromenade** der alten Kaigasse (Długie Pobrzeże) führt der Weg vorbei am Brotbänketor (Brama Chlebnicka) aus dem 15. Jh. und dem Frauentor (Brama Mariacka), in dem jetzt das Archäologische Museum untergebracht ist. Der Hafenkai war schon seit jeher nicht nur Warenumschlagplatz, sondern auch Treffpunkt. Heute tummeln sich hier Bernsteinverkäufer, die Zukunft weissagende Romafrauen, deutsche Touristen und einheimisches Publikum.

Echt gut!

Durch das Frauentor betritt man die ehemalige ***Frauengasse** (ul. Mariacka) **H**. Vor den Häusern fallen die terrassenartigen Vorbauten auf: Die sog. Beischläge waren einst ein charakteristisches Merkmal der Ostseestädte. Hier hielten sich die Danziger Bürger auf, um zu sehen und gesehen zu werden. Heute haben sich dort Galerien und Kunstläden eingerichtet. In der Frauengasse wurde Thomas Manns Roman »Buddenbrooks« verfilmt, da man in Lübeck nach einer solchen Gasse vergeblich suchte.

Die ****Marienkirche** **I** (1343 bis 1502) ist mit einer Gewölbehöhe von fast 30 m eines der größten Gotteshäuser Europas – hier haben fast 25 000 Gläubige Platz. Bei einem Brand 1945 stürzte der Großteil des schönen Gewölbes ein. Der Wiederaufbau der gotischen Hallenkirche wurde in den 1960er-Jahren abgeschlossen, ein Teil der ausgelagerten Innenausstattung kehrte erst nach der Wende in die Kirche zurück. Der mächtige Backsteinbau gleicht oft eher einem riesigen Sammelpunkt von Touristen als einer Andachtsstätte. Im Inneren lässt sich ein **technisches Wunderwerk des 15. Jhs.** bestaunen: eine große astronomische Uhr.

Echt gut!

Von der Marienkirche ist es ein Katzensprung zum ***Krantor** (Żuraw) **J** aus dem 15. Jh., dem Wahrzeichen Danzigs. Der gewaltige Hafenkran gilt als eines der größten erhaltenen Industriedenkmäler des Mittelalters; heute ist darin ein Schifffahrtsmuseum

- **A** Hohes Tor
- **B** Goldenes Tor
- **C** Großes Zeughaus
- **D** Rechtstädtisches Rathaus
- **E** Langer Markt
- **F** Grünes Tor
- **G** Milchkannentor
- **H** Frauengasse
- **I** Marienkirche
- **J** Krantor
- **K** Katharinenkirche
- **L** Brigittenkirche
- **M** Altstädtisches Rathaus
- **N** Denkmal für die gefallenen Werftarbeiter
- **O** Nationalmuseum

Gdańsk (Danzig)
0
200 m
N
Gdynia, Oliwa, Szczecin
Toruń
Kartuzy
Warszawa, Olsztyn
Dworzec Główny (Hbf.)
STARE
MIASTO
(ALTSTADT)
GŁÓWNE
MIASTO
(RECHTSTADT)
STARE
PRZEDMIEŚCIE
(ALTE VORSTADT)
OŁOWIANKA
Filharmonia Baltycka
Wyspy
Spichrzów
(Speicherinsel)
Targ Drzewny
Targ Węglowy
Targ Sienny
Targ Maślany
Brama Mariacka
Brama Chlebnicka
Długi Targ
(Langer Markt)
Długa
(Langgasse)
Długie Pobrzeże
(Kaigasse)
Motława (Mottlau)
Stara Motława
Nowa Motława
Kan. Raduni
Błędnik
W. Piastowskie
Doki
Wałowa
Łagiewniki
Aksamitna
Górne
Gnilna
Rybaki
Rajska
Heweliusza
Osiek
S. Stocznia
Czopowa
Grodzka
Stolarska
Olejarna
Staromiejskie
Korzenna
Elżbietańska
3 Maja
Podwale Grodzkie
Podwale
Pańska
Straganiarska
Targ Rybny
Świętojańska
Szeroka
Hucisko
Wały Jagiellońskie
Piwna
Tkacka
św. Ducha
Kiesza
Chlebnicka
Ławnicza
Ogarna
Zbytki
Okopowa
A. A. Krajowej
Przedmiejskie
Stągiewna
Elbląska
Chmielna
Korzenników
św. Trójcy
Rzeźnicka
Kruk
Lastadia
Żabi
Toruńska
Owsiana
Wspornikowa
Jaglana
Dolna
Ułańska
Szopy
Łąkowa
Grobla
Angielska
Szafarna
św. Barbary
Ołowianka
Na Stępce
Na Stoku
Pod Zrębem
Dolna Brama
Kamienna
Dobra
Zielona
Wróbla
Kiturakisa
Wyskok
Reduta
Reduta Wilk
Na Szańcach
A
B
C
D
E
F
G
H
I
J
K
L
M
N
O

Ein Wahrzeichen Danzigs: das Krantor, das heute ein Museum beherbergt

untergebracht. Es ist bezeichnend für die Handelsstadt, dass sie einen Profanbau als Wahrzeichen besitzt.

Die Altstadt

Nach ein paar Fußminuten erreicht man die ehemalige Altstadt, die im Gegensatz zur Rechtstadt nicht originalgetreu wieder aufgebaut wurde. Rekonstruiert wurden lediglich einzelne Bauten, darunter die **Katharinenkirche** Ⓚ, wo Johann Hevelius (1611–1687), der Vater der Mondbeschreibung, seine letzte Ruhestätte gefunden hat. Da die Astronomie Hevelius wenig Geld einbrachte, betätigte er sich gleichzeitig als Bierbrauer.

Die direkt dahinter gelegene ***Brigittenkirche** Ⓛ ging als Solidarność-Kirche in die jüngste polnische Geschichte ein: Hier versammelte sich während der Zeit des Kriegsrechts die antikommunistische Opposition regelmäßig zum Gottesdienst.

Am **Altstädtischen Rathaus** (Ratusz Starego Miasta) Ⓜ von 1595 mit seiner repräsentativen Diele und dem Treppenhaus (häufig Wechselausstellungen) endet in der Nähe des Hauptbahnhofes die Stadtbesichtigung.

Wer Zeit und Lust hat, kann von hier aus einen kleinen Umweg machen in Richtung des Werftgeländes, zu einer Gedenkstätte des Nachkriegspolens: dem **Denkmal für die gefallenen Werftarbeiter** (pomnik Poległych Stoczniowców) Ⓝ. Die drei mo-

Echt gut!

numentalen Kreuze, die nahe dem Tor 2 der Danziger Werft in die Höhe ragen, erinnern an die 28 Toten, die nach der Niederschlagung des Streiks vom Dezember 1970 zu beklagen waren.

Ein Abstecher in die Alte Vorstadt Stare Przedmieście lohnt sich vor allem wegen des im ehemaligen Kloster der Dreifaltigkeitskirche untergebrachten ***Nationalmuseums** ⓞ. Hier ist hinter Panzerglas das berühmte, 1469-1472 von Hans Memling gemalte farbgewaltige ****Triptychon des Jüngsten Gerichts** zu sehen, das ein Danziger Pirat auf hoher See geraubt und seiner Heimatstadt überlassen hatte (Di–Fr 9–16, Sa, So 10–16 Uhr).

Info

ul. Długa 45
Tel./Fax 0 58/3 01 91 51
www.gdansk.pl, www.trojmiasto.pl

Hotels

■ **Radisson Blu**
ul. Powroźnicza 19
Tel. 0 58/3 25 44 44
www.radissonblu.com/hotel-gdansk
Das beste Hotel der Stadt verbirgt sich hinter den Bürgerhäuserfassaden am Langen Markt (Eingang Seitengasse); ambitioniertes Restaurant. ●●●

■ **Podewils**
ul. Tokarska 6
Tel. 0 58/3 05 34 27
www.podewils-hotel.pl
In einem Barockpalais am Jachthafen gegenüber vom Krantor bietet das luxuriöse Hotel 10 edel möblierte Zimmer. Der Blick vom Gourmetrestaurant im Dachstuhl ist hinreißend. ●●●

■ **Kamienica Goldwasser**
ul. Długie Pobrzeze 22
Tel. 0 58/3 01 88 78
www.goldwasser.pl
7 romantische Apartments in einem Giebelhaus am Fluss. Das efeuumrankte Terrassenrestaurant serviert kaschubische Gerichte und gute Steaks. ●●

■ **Królewski**
ul. Ołowianka 1
Tel. 0 58/3 26 11 11
www.hotelkrolewski.pl
Eine warme, einladende Atmosphäre strahlt das Haus gegenüber dem Krantor und dem sog. Königlichen Speicher aus. Tagsüber mit einer Personenfähre zu erreichen. Stilvolles Restaurant. ●●

Restaurants

■ **Pod Łososiem**
ul. Szeroka 52-54
Tel. 0 58/3 01 76 52
www.podlososiem.com.pl
In dem traditionsreichsten Restaurant der Stadt genießt man **vorzügliche Fischgerichte.** Reservieren! ●●● Echt gut!

■ **Kresowa**
ul. Ogarna 12
Tel. 0 58/3 01 66 53
Die passionierte Besitzerin bereitet (oft selbst!) diverse Leckerbissen der osteuropäischen Küche vom Baltikum bis zum Kaukasus zu. ●●●

■ **Tawerna**
ul. Powroźnicza 19/20
Tel. 0 58/3 01 41 14
www.tawerna.pl
Elegantes Lokal neben dem Grünen Tor mit leckerem Seafood. ●●●

Shopping

Unzählige **Bernsteinläden** und Stände bieten Schmuck an. Vorsicht ist bei besonders billigen Angeboten angesagt

(Imitate!). Die schönsten Bernsteinobjekte führen – abgesehen von den Läden auf der ul. Mariacka – die **Bursztynowa Komnata** (»Bernsteinzimmer«) direkt neben dem Grünen Tor, **Długie Pobrzeże 1,** mit Vorführungen einer Bernsteinschleiferei, **Arbisz** hinter der Marienkirche, **ul. Szewska 1-4,** wo der Schmuck namhafter Künstler angeboten wird, und **Amberways** am Langen Markt, **Długi Targ 11.** Ein schönes Geschenk sind Bildbände zur Landschaft Masurens oder zu den Kunstdenkmälern Danzigs. Ein entsprechendes Sortiment führt die Buchhandlung **Gdański Bówka** in der Długie Pobrzeże 11 (neben dem Krantor). Spannend ist auch ein Streifzug durch Danzigs **Antiquariate und Antikenläden, ul. Piwna 54, ul. Długa 2** und **Warzywnicza 10/19.**

Nightlife

Alljährlich im Juli und August treten Bühnenensembles aus ganz Europa im **Teatr Wybrzeże** mit ihren besten Shakespeare-Inszenierungen auf, **ul. Św. Ducha 2, Tel. 0 58/3 01 13 28, www.teatrwybrzeze.pl.**
Ein unvergessliches Erlebnis kann ein **Konzert in der Baltischen Oper** sein, **ul. Zwycięstwa 15, Tel. 7 63 49 12.** Karten gibt's auch im Internet: www.operabaltycka.pl.

Echt gut

Konzerte und Ausstellungen organisiert der **Studentenklub Żak, al. Grunwaldzka 195/197, Tel. 3 45 15 90, www.klubzak.com.pl,** im Stadtteil Zaspa.

Ausflug: Oliwa und *Sopot 2

Per Taxi oder mit der S-Bahn (ab Hbf.) geht es in die Vorstadt Oliwa, nach Sopot und Gdynia.

Oliwa, heute ein Stadtteil Danzigs, ist eine Gründung der Zisterzienser von 1188. Berühmt ist der Ort (während der EM 2012 übrigens Standquartier der DFB-Auswahl) für seine **Kathedrale. Der mehrfach umgestaltete Bau

Der Lachs und das Goldwasser

Um 1704 war Danzig eine bedeutende Handelsmetropole und Treffpunkt von Kaufleuten aus ganz Europa. Um diesen reichen und kultivierten Männern einen standesgemäßen Rahmen zur Abwicklung ihrer Geschäfte zu bieten, eröffnete ein holländischer Wirt ein Gasthaus, genannt »Zum Lachs«. Bald reichte der Ruhm des Hauses von Hamburg bis Nowgorod. Wann immer einen Kaufmann die Reise nach Danzig führte, kehrte er dort ein. Unsterblich wurde der Name des Lokals durch das legendäre »Danziger Goldwasser«, das hier erfunden wurde. Das Besondere dieses klaren Kräuterlikörs sind die Blattgold-Flocken, die in ihm schwimmen, allerdings keinen Einfluss auf den Geschmack haben. »Danziger Goldwasser« wird bis heute hier serviert, die Fabrik befindet sich aber mittlerweile in Posen. Deutsche aus Danzig, die kurz vor Kriegsende nach Westen flüchteten, nahmen in ihrem wenigen Gepäck das Rezept für den kostbaren Trunk mit, sodass nun auch in Preetz bei Kiel »Original Danziger Goldwasser« abgefüllt wird.

Das Grand-Hotel neben der Seebrücke von Sopot wurde 1926 erbaut

geht auf das 13. Jh. zurück und war ursprünglich die Klosterkirche. Die einmalige Akustik macht ein **Konzert auf der barocken *Orgel** von Friedrich Dalitz und Johann Wulf zu einem besonderen Erlebnis (Mai bis Sept. Mo–Sa 10–13 stündl. sowie 15 u. 17, So 15–17 Uhr).

Echt gut!

Kurz hinter Oliwa beginnt **Sopot,** einst eines der mondänsten Seebäder und Kurorte des Deutschen Reiches. Obwohl die Villen in die Jahre gekommen sind, zeugen sie noch vom einstigen Lebensstil der Hautevolee. Die Holzmole mit über 500 m ist die längste ihrer Art an der Ostsee, und im Sommer zieht die ul. Bohaterów Monte Cassino die Nachtschwärmer aus Danzig und Umgebung an. Berühmt ist das Festival des Liedes, das alljährlich im August in der Sopoter Waldoper aus dem Jahr 1909 stattfindet. Ebenfalls lohnend ist die Fahrt nach **Gdynia 3**, um dort im Teatr Muzyczny ein **faszinierendes Musical** zu sehen (pl. Grunwaldzki, Info: Tel. 6 61 60 00, Reservierung: Tel. 6 21 60 24, www.muzyczny.org).

Echt gut!

2 ***Marienburg (Malbork) 4

Wie ein gewaltiger Drache klammert sich die monumentale Trutzburg des Deutschen Ordens und größte Backsteinburg des Kontinents an das Steilufer der Nogat. Sie zählt zweifellos zu den berühmtesten Architekturdenkmälern Europas. Besichtigen kann man die Burgräume mit Museum im Rahmen einer dreistündigen Führung (alle 30 Min.) oder mit dem Audioguide (ca. 2,5 Std. Dauer). Der Besucher betritt die im 13. und 14. Jh. erbaute Anlage, die nach 1945 weitgehend wiedererrichtet wurde, durch die Vorburg mit Zeughaus und Laurentius-Kapelle.

In den Flügeln des sog. Mittelschlosses befinden sich der elegante Hochmeisterpalast (1393 bis 1407) – der später zeitweilig als Aufenthaltsort des polnischen Königs und seiner Statthalter diente –, der Große Remter (Refektorium) sowie die Räume für Gäste des Ordens. Eindrucksvoll ist v. a. der quadratische Sommerremter, dessen Sternengewölbe sich auf nur einen Mittelpfeiler stützt. Dank der großen Fenster wird der Speisesaal an sonnigen Tagen von Licht durchflutet.

Im Ostflügel des Mittelschlosses informiert eine interessante Ausstellung über Entstehung und Verarbeitung des Bernsteins. Das »Gold der Ostsee« ist fossiles Harz. Zu Schmuckstücken verarbeitet, verhalf es den Küstenstädten zu großem Wohlstand. Heute ist Bernsteinschmuck ein beliebtes Mitbringsel aus Polen.

Über eine Brücke gelangt man zum Hochschloss, in dem die Ordensbrüder wohnten. Hier im Nordflügel befinden sich der Kapitelsaal und die Schlosskirche. Den Eingang bildet die reich mit Fabeltieren verzierte Goldene Pforte aus der Zeit um 1280. Wer die Mühe auf sich nimmt, den großen Turm in der Nordostecke des Hochschlosses zu besteigen, wird dafür mit einer wunderbaren **Aussicht auf die Burg** und die flache Landschaft des Werders belohnt.

Echt gut

Im Sommer begeistert täglich um 22 Uhr eine Licht-und-Ton-Schau. Und um Jahrhunderte glaubt man sich zurückversetzt, wenn an einem bestimmten Sommerwochenende bei der »Belagerung der Marienburg« **mittelalterliches Treiben** in den Höfen herrscht mit Ritterturnieren, Handwerkermarkt etc. (Termine unter www.zamek.malbork.pl).

Öffnungszeiten der Innenräume: 15. April–15. Sept. tgl. 9–19, sonst tgl. 10–15 Uhr, Gelände länger, im Sommer finden regelmäßig Führungen in deutscher Sprache statt, www.zamek.malbork.pl.

Hotel

Zamek

Echt gut

in der Vorburg, ul. Starościńska 14
Tel. 0 55/2 72 33 67
www.zlotehotele.pl
Behaglich wohnen in einem Trakt des ehemaligen Kreuzfahrerhospitals; das Hotel bietet 42 Zimmer, ein gutes Restaurant und ein Café. ●●

Restaurant

Zamkowa

ul. Starościńska 14
Tel. 0 55/2 72 27 38
Auf der Speisekarte stehen polnisch-ungarische Gerichte, z. B. Bogratsch (Fleischeintopf, der in Metallkesseln serviert wird), und köstliche Desserts (ungarische Torte). ●●●

Karte Seite 42

Putziger Nehrung (Hel) 5

Wo sich heute eine Halbinsel befindet, existierten vor 200 Jahren noch viele einzelne kleine Inseln. Mit der Zeit formte der Treibsand die Halbinsel, die nur 200 m bis 3 km breit, dafür aber 35 km lang ist. Wie eine Zunge ragt sie in die Danziger Bucht hinein. Noch ist die Halbinsel über die Straße oder per Bahn für jedermann zugänglich. Aber Touristenströme und Meeresströmung nagen gleichermaßen an diesem einzigartigen Naturgebilde, so dass in nächster Zeit wohl mit einer Zugangsbeschränkung zu rechnen ist. Dünen und Kiefernwald bestimmen das Landschaftsbild, die Seite zur offenen See bietet mit ihrem Sandstrand beste Bademöglichkeiten. Gleich mehrere Leuchttürme befinden sich auf Hel (einige der 22 wichtigsten Leuchttürme an der polnischen Ostsee können besichtigt werden › rechts).

Auf der Putziger Nehrung, die polnisch Półwysep Helski oder einfach nur Hel heißt, gibt es nur fünf Ortschaften: das kaschubische Dorf **Chałupy,** wo die Film- und Theaterelite Polens bereits seit den 1970er-Jahren gern ihren FKK-Urlaub verbringt; die etwas größeren Städtchen **Kuźnice** und **Jastarnia,** das versnobte **Jurata** mit mondänen Vorkriegsvillen und die einzige historische Stadt: **Hel.** Seit dem Rückzug des Militärs dominieren Tagesurlauber aus Danzig (Schiffsverbindung!)

Im Hafen von Hel

Echt gut!

Die eindrucksvollsten Leuchttürme …

…, die man auch von innen besichtigen kann.

- Der 68 m hohe Leuchtturm in **Świnoujście** war bei seiner Inbetriebnahme 1857 der höchste der Welt und ist heute noch der höchste an der Ostsee.
- 1866 entstand der Leuchtturm von **Niechorze** (45 m), zwischen Świnoujście und Kołobrzeg, der vielen als der schönste Polens gilt.
- Der Unterbau des Turms in **Kołobrzeg** (26 m) ist ein Fort aus dem Jahre 1772. Von der Aussichtsplattform genießt man einen traumhaften Blick über den Hafen und die Ostsee.
- Von dem 1875 erbauten Leuchtturm **Czołpino** (25 m) im Słowiński-Nationalpark bietet sich ein fantastischer Ausblick.
- Am nördlichsten Punkt Polens beherbergt der Leuchtturm **Rozewie** (Rixhöft; 21 m) ein interessantes Museum zur Geschichte der Leuchttürme.

das Bild der Stadt. In Hel sollte man die zum **Fischereimuseum** umgestaltete Kirche direkt am kleinen Hafen besichtigen. Die alten Häuser aus dem 18. Jh., der Geruch von Teer und Tang und das geschäftige Treiben machen die Atmosphäre des Städtchens aus, dessen Bewohner zur westslawisch-pommerschen Volksgruppe der Kaschuben zählen.

Hotel

Bryza
ul. Międzymorze 2
Jurata
Tel. 0 58/6 75 51 00
www.bryza.pl
Das modernste Hotel der Halbinsel Hel, einsam in der herrlichen Dünenlandschaft gelegen; elegant eingerichtet, mit Spa, Schönheitsklinik, Tennis und Golf. ●●●

*Łeba (Leba) 6

Nicht nur als Fischerei- und Hafenstadt, sondern vor allem als Seebad bekannt ist Łeba, das außerhalb der Saison eher einem Dorf gleicht, obwohl es schon 1357 das Stadtrecht erhielt. Weil Wanderdünen und Sturmfluten die Siedlung unter sich zu begraben drohten, verlegten die Bewohner sie im Jahre 1570 rund 2 km nach Osten auf sicheres Terrain. Die kleinen Fischerhäuschen haben viel Atmosphäre, wenngleich mittlerweile in fast jedem zweiten Haus ein Andenkenladen oder eine Fischbratküche eingerichtet wurden, die im Sommer auf Käufer und Gäste warten.

**Słowiński-Nationalpark 7

Ein Höhepunkt für Naturfreunde und Wanderer ist der 18000 ha große Słowiński-Nationalpark (www.slowinskipn.pl), der gleich zwei größere Seen umfasst: den jez. Łebsko und den jez. Gardno. Erholungssuchenden zugänglich ist allerdings nur der Garder See, der Łeba-See ist ein Biotop für seltene Wasservögel wie die Doppelschnepfen.

3 **Wanderdünen von Łeba

Die bedeutendste Attraktion des Nationalparks aber sind die **Wanderdünen von Łeba.** Man kann sie per Mietfahrrad oder mit dem Elektromobil erreichen. Erklimmen muss man die riesigen Sand-

Echt gut

Die Slowinzen

Am Südufer des Łeba-Sees, umgeben von Sumpfwiesen, Wäldern und Schilf, liegt Kluki (Klucken). Das ***Freilichtmuseum** veranschaulicht die Lebensweise des slawischen Volksstammes der Slowinzen, die einst in dieser Gegend siedelten. Sie verstanden es, sich der Natur anzupassen. So erfanden sie z. B. an überdimensionierte Entenfüße erinnernde Korbschuhe für ihre Pferde, um zu verhindern, dass die Tiere im Sumpf versanken (Mai bis Aug. Di–So 10–18, außerhalb der Saison 9–16 Uhr, www.muzeumkluki.pl).

Slowinzische Trachtengruppe im Freilichtmuseum von Kluki

hügel dann allerdings zu Fuß – was gar nicht so einfach ist. Die etwa 50 m hohen Dünen wandern beständig ostwärts, sogar über Wälder hinweg, und bilden eine der seltenen Wüstenlandschaften Europas.

Info

ul. 11 Listopada 5 a
Tel./Fax 0 59/8 66 25 65
www.leba.com

Hotels

■ **Hotel Neptun**
ul. Sosnowa 1
Tel. 0 59/8 66 14 32
www.neptunhotel.pl
Das ehemalige Kurhaus von Łeba, direkt am Strand und im Stil englischer Herrenhäuser eingerichtet. ●●

■ **Pensjonat Krystyna**
Łebska 128
Łeba-Nowęcin
Tel./Fax 0 59/8 66 21 27
www.krystyna.nadmorzem.com
Große Pension im Nachbarort, ganz in der Nähe eines Gestüts. Gute Ausstattung. ●●

Restaurant

Karczma Słowińska
ul. Kościuszki 28
Tel. 0 59/8 66 14 14
In dem volkstümlichen Lokal genießt man kaschubische Gerichte. ●

*Słupsk (Stolp) 8

Am Ufer der Słupia erhebt sich die im Renaissancestil erbaute **Herzogsburg aus dem 16. Jh.** Im Mittelalter war Słupsk Ausfuhrhafen für landwirtschaftliche Produkte, besaß berühmte Brauereien und war führend in der Bernsteinverarbeitung. Aus dem 15. Jh. stammt die berüchtigte Hexenbastei, die als Frauengefängnis diente. Sehenswert zudem die Dominikanerkirche, die Marienkirche und das Neue Rathaus.

Echt gut!

Special

Heilbäder und Wellnesshotels

Schon zu Beginn des 19. Jhs. strömten betuchte Kurgäste aus ganz Europa in hiesige Landstriche, um in vornehmen Kurbädern Linderung von verschiedensten Leiden zu suchen. Von der Ostseeküste bis zu den Gebirgslandschaften im Süden des Landes bieten in der heutigen Zeit Kliniken, Sanatorien und seit neuestem auch Wellnesshotels ein breites Spektrum an Heilverfahren und Behandlungsmethoden an.

Berühmte Bäder

Zu den ältesten und bekanntesten Kurbädern Polens gehört **Krynica Zdrój** in der malerischen Gebirgslandschaft der Sandezer Beskiden (Kleinpolen). Das aus über 20 natürlichen und künstlichen Mineralquellen gewonnene Heilwasser der Stadt dient insbesondere zur Linderung von Herz-Kreislauf-, Verdauungs- und Stoffwechselerkrankungen. Berühmt für die heilende Wirkung ihrer Quellen sind auch die alten Kurorte des Glatzer Berglandes in Niederschlesien, wie **Polanica Zdrój** (Bad Altenheide), **Kudowa Zdrój** (Bad Kudowa) oder **Duszniki Zdrój** (Bad Reinerz), wo alljährlich in der ersten Augustwoche im Kurpark das internationale Chopin-Festival stattfindet. Über traditionsreiche Kurparkanlagen und Badehäuser aus dem 19. und frühen 20. Jh. verfügt auch das in Zentralpolen liegende **Ciechocinek.** Seine Besonderheit bilden die alten, über 15 m hohen Solegradierwerke. Das milde und jodreiche Klima hilft speziell bei Erschöpfungs- und Überlastungszuständen. Die Kurorte **Kołobrzeg** und **Świnoujście** sind schon allein durch ihre Lage an der Ostsee attraktiv. Mit Naturheilmitteln wie Brom-, Jodsalz oder Heilmoor werden dort insbesondere Erkrankungen der Atemwege, Haut- und Rheumakrankheiten behandelt. Info:

Deutscher Wellness Verband e.V.
Neusser Str. 35][40219 Düsseldorf
Tel. 02 11/1 68 20 90
www.wellnessverband.de

Von Ayurveda bis Pilates

Ob Ayurveda, Hot-Stone-Massage oder Pilates: Jeder schönheitsbewusste und erholungsbedürftige Reisende findet in den zahlreichen hochmodernen Wellness- und Spa-Zentren Polens, die in den letzten Jahren in attraktiven Regionen eröffnet worden sind, etwas für seinen Geschmack. Während eines ein- oder mehrtägigen Aufenthaltes in einem der luxuriösen Spa-Center in Kołobrzeg, Jurata oder Krynica Zdrój kann man zwischen zahlreichen Gesichts- und Körperpflegebehandlungen wählen, die Heilkraft der Thermalbäder genießen oder in herrlicher Umgebung bei Yoga, Tai-Chi oder Pilates sein seelisches Gleichgewicht wiederfinden.

- **Bryza SPA Resort**
ul. Międzymorze 2
84-141 Jurata
Tel. 0 58/6 75 51 00
www.bryza.pl
- **Hotel Zamek na Skale**
Trzebieszowice 151
57-540 Lądek Zdrój
Tel. 0 74/8 65 20 00
www.zameknaskale.com.pl

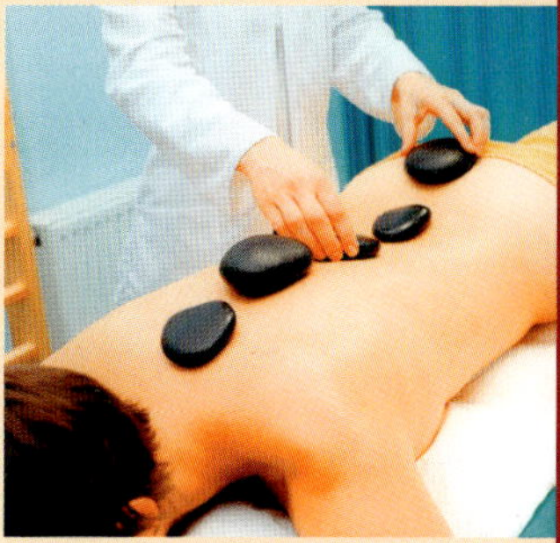

Hot-Stone-Massage

Ausgezeichnet!

Der Deutsche Wellness Verband hat 2007 das begehrte Gütesiegel für Premium-Qualität gleich an zwei Vier-Sterne-Wellnesshotels der polnischen Kosmetikmarke Dr. Irena Eris verliehen: in Masuren (50 km südl. Olsztyn) sowie in Krynica Zdrój (120 km südöstl. Krakau) – für besondere Qualität und Gastfreundlichkeit. Auch das Hotel Villa Park mit Gesundheits- und Schönheitsklinik in Ciechocinek wurde bereits prämiert.

- **Hotel Dr. Irena Eris Wzgórza Dylewskie**
Wysoka Wies 22
14-100 Ostróda
Tel. 0 89/6 47 11 11
http://www.hotelspa.pl/wzgorza
- **Hotel SPA Dr. Irena Eris Krynica Zdrój**
Czarny Potok 30
33-380 Krynica Zdrój
Tel. 0 18/4 72 35 00
www.hotelspa.pl/krynica
- **Hotel Villa Park**
ul. Warzelniana 10
87-720 Ciechocinek
Tel. 0 54/4 16 41 00
www.villapark.pl

Restaurant

Karczma pod Kluką
ul. Kaszubska 22
Tel. 0 59/8 42 34 69
www.podkluka.pl
Echt gut! **Regionale Spezialitäten** wie Nusssuppe *(polewka orzechowa)* oder Birne nach Slowinzer Art *(gruszka po słowinsku)* in rustikalem Ambiente. ●

Kołobrzeg (Kolberg) 9

Die Stadt an der Persante-Mündung (Parsęta) verdankt ihre Entstehung den Salzquellen. Legenden ranken sich um die Entdeckung des Salzes, nachgewiesen sind Salzvorkommen aber bereits im 9. Jh. Als aus wirtschaftlichen Gründen die Salzgewinnung per preußischem Regierungsdekret 1855 eingestellt wurde, nutzten die findigen Kolberger den therapeutischen Wert ihrer Solequellen. Die Verbindung von Heilbad und Sommerfrische an der Ostsee machte Kolberg in den 1930er-Jahren mit jährlich ca. 500 000 Übernachtungen zu Deutschlands bedeutendstem Seebad. 1945 wurde Kolberg zerstört. Es blieben nur wenige Bauten stehen, so der ***Mariendom** (14. Jh.), dessen massiver Turm das Stadtbild beherrscht. Nördlich der Kirche steht das neogotische Rathaus, das nach Plänen von Karl Friedrich Schinkel errichtet wurde. Die meisten Urlauber widmen ihre Aufmerksamkeit allerdings v. a. dem breiten Sandstrand, der bis heute Hunderttausende anzieht.

Info

ul. Dworcowa 1
Tel. 0 94/3 52 79 39
www.kolobrzeg.turystyka.pl

Hotels

■ **Aquarius Spa**
ul. Kasprowicza 24
Tel. 094/3 53 65 00
www.aquariusspa.pl
Familienfreundliches, sehr modernes Wellnesshotel etwa 3 km vom Stadtzentrum entfernt mit großzügigem Spa-Bereich. Geräumige Zimmner mit guten Bädern und Balkon. Sehr anständige Küche, Fahrradverleih. ●●●

■ **Etna**
ul. Portowa 18
Tel. 0 94/3 55 00 12
www.hoteletna.pl
Neues, mit viel Glas und edlem Mobiliar gestaltetes Großhotel in der Stadtmitte. ●●

Restaurant

Pod Winogronami
ul. Towarowa 16
Tel. 0 94/3 54 73 36
Reichhaltige Speisekarte, z. B. Dorsch im Bierteig, Zanderauflauf Moskauer Art und Wildschweinkeule in Wacholdersoße; gute Weinauswahl. ●●

Międzyzdroje (Misdroy) 10

Der traditionsreiche Ostseebadeort liegt auf der Insel Wollin, einer der drei Inseln, die das Mündungsdelta der Oder bilden. Mit dem östlichen Festland ist sie über zwei Brücken verbunden, in Richtung Westen führt der Weg per

Fähre nach Świnoujście und weiter ins Bad Ahlbeck auf deutscher Seite. Der Sandstrand von Międzyzdroje gilt als einer der schönsten an der Ostseeküste.

Direkt vor den Toren der Stadt beginnt der ***Woliński Park Narodowy** (Wolliner Nationalpark, www.wolinpn.pl). Wegen seines Vogelreichtums zieht er besonders Ornithologen an. Die in ihrem Bestand gefährdeten Seeadler haben in dieser Schutzzone ein Rückzugsgebiet gefunden, genau wie viele andere Tierarten. Einen Buchenwald erschließen mehrere ausgeschilderte Wanderwege, die zu einem Wisentgehege und zum Türkissee (jez. Turkusowe) führen. Schön ist auch die **Wanderung am Strand** entlang Richtung Westen. Hier gleitet der Blick automatisch nach oben, denn das Gelände fällt in über 100 m hohen Steilklippen schroff zum Meer hin ab. Das **Naturkundliche Museum** in Międzyzdroje (ul. Niepodległości 3, Di–So 9–17 Uhr) empfiehlt sich zur Vorbereitung auf eine Wanderung durch den Wolliner Nationalpark.

Echt gut!

Info

ul. Niepodległości 2 a
Tel. 0 91/3 28 07 68

Hotels

■ **Amber Baltic**
Promenada Gwiazd 1
Tel. 0 91/3 22 85 00
www.hotel-amber-baltic.pl
Das moderne Vier-Sterne-Hotel gehört zu den komfortabelsten der Region. Mögen muss man allerdings, dass es direkt an der zeitweise sehr belebten Strandpromenade liegt. ●●●

Angeln ist ein beliebter Volkssport

■ **Bagiński & Chabinka**
ul. Gryfa Pomorskiego 74
Tel. 0 91/3 26 72 84
www.miedzyzdrojespa.pl
Eine ruhige Alternative bietet dieses Spa am Rand der Stadt. Die Strandnähe, der Pool und die nette Atmosphäre machen seinen Reiz aus. ●●

Kamień Pomorski (Cammin) 11

Gegenüber der Insel Wollin liegt am rechten Ufer der Dievenow (Dziwna) der alte Sitz der Camminer Bischöfe. Der spätromanische ***Johannesdom,** der im 15. Jh. gotisch umgestaltet wurde, ist mit seiner Barockorgel aus dem

17. Jh. ein Magnet für Musikliebhaber. Der herrliche Klang des Instruments und die wunderbare Akustik des Gotteshauses faszinieren bei den alljährlich im Juli/August stattfindenden **Orgelfestspielen** (Info-Tel. 0 91/3 82 05 41).

Echt gut!

Hotel

Pod Muzami
ul. Gryfitów 1
0 91/3 82 22 40
www.podmuzami.pl
Einladendes renoviertes Fachwerkhaus aus dem 18. Jh. am Marktplatz. Winziges, gutes Hotelrestaurant. ●●

Szczecin (Stettin) 12

Die günstige strategische Lage machte Stettin (406 000 Einw.) jahrhundertelang zum Zankapfel zwischen Polen, Dänemark und Brandenburg, zwischen Preußen, Frankreich und Schweden. Bereits im Mittelalter war die Stadt, die 1720–1945 zu Preußen bzw. Deutschland gehörte, mehrheitlich von Deutschen bewohnt. Kriegerischen Auseinandersetzungen – insbesondere den Bombardements des Zweiten Weltkriegs – sind viele historische Bauwerke zum Opfer gefallen.

Das Alte Rathaus von Szczecin (Stettin)

Die ehemalige ***Hakenterrasse** (Wały Chrobrego) **A** am Oderufer war und ist ein Aushängeschild der Hanse- und Hafenstadt. Die repräsentativen Gebäude aus dem beginnenden 20. Jh. beherbergen u. a. das Schifffahrtsmuseum (Muzeum Morskie), in dem neben der maritimen auch eine archäologische und volkskundliche Sammlung präsentiert wird (Di–Sa 10–18, So 10–16 Uhr).

Von der Hakenterrasse ist es nicht weit bis zur **Bastei der Sieben Mäntel B**. Die 4 m dicken Wände dieses Wehrturmes hielten dem Bombenhagel des Zweiten Weltkriegs stand.

Oberhalb der Bastei erhebt sich über der Oder das ***Schloss der Herzöge von Pommern C**. Ein Umbau im 19. Jh. verwandelte das Schloss in einen Zweckbau. Obwohl die Rekonstruktion nach 1945 eine typische Renaissanceresidenz nachbildet, weist der Bau sogar noch original gotische Bestandteile aus dem 14. Jh. auf, darunter die Kapelle im Nordflügel.

Nur wenige Schritte von der Burg entfernt steht das **Alte Rathaus D**. Nachdem das Gebäude

Karte Seite 63

1945 ein Raub der Flammen geworden war, sah man beim Wiederaufbau von den barocken Umbauten des 17. Jhs. ab und das Rathaus erhielt seine gotische Gestalt mit der von norddeutschen Hansestädten bekannten Schauwand zurück. Die Stadtgeschichtliche Sammlung hat hier einen würdigen Platz gefunden.

Ein repräsentatives Beispiel pommerscher Sakralarchitektur erwartet den Besucher mit der ***Peter- und Paulkirche** Ⓔ. Der Backsteinbau hat mit seinem reich gegliederten Stufengiebel sein gotisches Erscheinungsbild bewahrt. Glasierte Terrakottaköpfe schmücken die Außenwände. Im Innern besonders schön ist die Holzdecke aus dem 18. Jh.

Auf der gegenüberliegenden Seite des Platzes steht das prunkvolle **Königstor** (brama Hołdu Pruskiego) Ⓕ, das an den Verkauf der Stadt durch die Schweden an Preußen 1720 erinnert.

Nur wenige Fußminuten entfernt haben die Stettiner Restauratoren einige Barockpaläste aus dem 18. Jh. wieder aufgebaut. Einer dieser Paläste beherbergt ei-

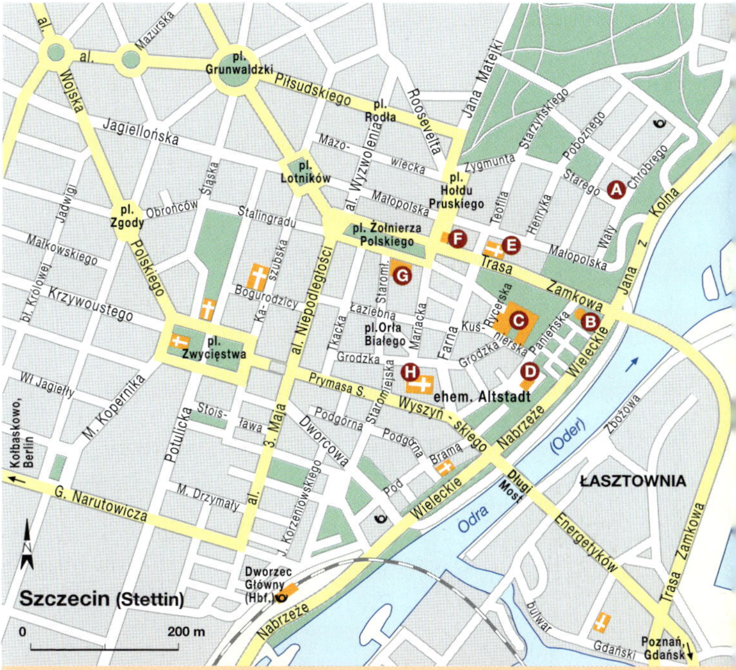

Ⓐ Hakenterrasse
Ⓑ Bastei der Sieben Mäntel
Ⓒ Schloss der Herzöge von Pommern
Ⓓ Altes Rathaus
Ⓔ Peter- und Paulkirche
Ⓕ Königstor
Ⓖ Nationalmuseum
Ⓗ Jakobi-Kirche

nen Sitz des **Nationalmuseums** (Muzeum Narodowe, Di–Fr 10 bis 18, Sa–So 10–16 Uhr, www.muzeum.szczecin.pl) **G**. Präsentiert wird hier unter anderem eine **hochkarätige Sammlung mittelalterlicher Skulpturen** aus Hinterpommern. Mächtigstes Bauwerk Stettins ist die **Jakobi-Kathedrale** **H**. Auch sie wurde Opfer des Krieges. Erst 1971 begann man damit, die ausgebrannte Ruine als eine der größten gotischen Kirchen Pommerns wieder aufzubauen.

Echt gut!

Info

- **Zamek Książąt Pomorskich**
(im Schloss)
Tel. 0 91/4 89 16 30
- **Al. Niepodległości 1**
Tel. 0 91/4 34 04 40
www.szczecin.pl

Hotels

- **Radisson Blu**
pl. Rodła 10
Tel. 0 91/3 59 55 95
www.radissonblu.com/hotel-szczecin
Das Vier-Sterne-Hotel mit 369 eleganten Zimmern liegt im Pazim Center, dem neuen Wahrzeichen der Stadt. Es lässt keine Wünsche offen, von der Panorama Bar im 11. Stock über den Night Club bis zu Fitness- und Wellnesseinrichtungen. ●●●
- **Campanile**
ul. Wyszyńskiego 30
Tel. 0 91/4 81 77 00
www.campanile.com.pl
Im Herzen der Stadt, 85 Zimmer und nettes Restaurant, das polnisch-schwedische Küche serviert. Das Hotel gehört zu einer französischen Kette. ●●

Restaurant

Chief
ul. Rayskiego 16
Tel. 0 91/4 88 14 17
Vielfältige Fischgerichte und Meeresfrüchte, alles in Topqualität. ●●

Nightlife

Die **Stettiner Philharmonie, pl. A. Krajowej 1, Tel. 4 22 00 79, www.filharmonia.szczecin.pl**, ist ebenso eine Alternative für die Abendgestaltung wie das Puppentheater, **Teatr Pleciuga, ul. Kaszubska 9, Tel. 4 34 10 02**, das nicht nur Kinder begeistert.

Ausflug nach Stargard Szczeciński 13

Stargard in Pommern, 40 km östlich von Stettin, war der Odermetropole im Mittelalter ebenbürtig. Für jeden Kunstfreund ist der Besuch der dortigen **Marienkirche** ein Muss, da sie ein **Juwel unter den mittelalterlichen Kirchen ganz Pommerns** ist. Um 1400 wurde sie von Heinrich Brunsberg, einem namhaften Architekten, nach dem Vorbild der Lübecker Marienkirche geschaffen. Nicht nur die Dimensionen des Gotteshauses beeindrucken, sondern auch die Vielfalt der verschiedenfarbigen Keramiksteine, teilweise in Form von Fratzen gestaltet, mit denen die Portale und eine Außenkapelle ausgeschmückt sind.

Echt gut

Masuren – das Land der Seen und Störche

Ermland und Masuren

Nicht verpassen!

- Sich flussaufwärts auf der malerischen Krutinna staken lassen
- Den brausenden Klängen der Orgel in Święta Lipka (Heiligelinde) lauschen
- Abends auf einem Holzsteg am See sitzend den Sonnenuntergang genießen
- Auf einer Fahrradtour Störchen und Gänsen begegnen

 Karte Seite 66

Zur Orientierung

4 Masuren, das sind schilfbestandene Seen, unberührte Wälder, kleine Dörfer mit Backsteinhäuschen, frei laufende Gänse und unzählige Störche … Es duftet nach Kamille, auf den sandigen Wegen flirrt die Hitze, Klatschmohn wiegt sich sachte im Wind, auf den Seen flattern die weißen Segel unzähliger Jollen. Besonders Angler, Wanderer und Wassersportler – allen voran Segler und Kanuten – kommen in dieser Region auf ihre Kosten und finden an den Seen ihr Paradies. Rund 3000 Seen soll es hier, in der Moränenlandschaft östlich der Weichsel, geben – niemand hat sie je gezählt. Sieht man von einigen wenigen kulturellen und historischen Sehenswürdigkeiten ab, liegt der Reiz dieser Region vor allem in ihrer unberührten Natur.

Ursprünglich bezeichnete Masuren nur den südöstlichsten Winkel des alten Ostpreußens, in dem die slawischen Masuren zu Hause waren. Nach 1945 wurde der Polen zugesprochene Süden Ostpreußens zur Wojewodschaft Ermland und Masuren und bezeichnet seitdem ein erweitertes Gebiet.

Ermland und Masuren sind neben der Ostseeküste und der Hohen Tatra *die* Feriengebiete Polens schlechthin. Im Juli und August kann es rund um die Seen richtig voll werden. Eine echte Alternative zum Hotelurlaub ist das ebenso preiswerte wie naturverbundene Zelten. Am bequemsten lässt sich Masuren natürlich mit dem Auto erkunden, abseits der großen Straßen aber ist es ein wahres Radlerparadies.

—7—

Zu den storchenreichsten Dörfern Europas Olsztyn › Drogosze › Węgorzewo › Gołdap › Rominter Heide › Suwałki › Ogrodniki

—8—

Fahrradtour von Sztynort nach Sulejki Giżycko › Sztynort › Puszcza Borecka › Mazury › Święcajny › Sulejki

Karte Seite 66

Touren in der Region

Zu den storchenreichsten Dörfern Europas

(7) Olsztyn › Drogosze › Węgorzewo › Gołdap › Rominter Heide › Suwałki › Ogrodniki

Dauer: mind. 3 Tage
Praktische Hinweise: Touristisch erschlossen ist nur die Gegend von Węgorzewo (Angerburg), Gołdap und Suwałki (Wigry), hier findet man auch Übernachtungsmöglichkeiten.

30 000 Störche hat man in Polen gezählt, weltweit stammt also jeder vierte Storch aus Polen. 6600 davon leben in Ermland und Masuren. Geradezu ideale Bedingungen finden sie in den Dörfern entlang der russischen Grenze, wo es viele Feuchtwiesen und Brachland gibt. Die dreitägige Autotour von **Olsztyn** › S. 71 entlang der russischen bis zur litauischen Grenze macht mit den storchenreichsten Dörfern Polens bekannt, mit **Żywkowo,** einem Ort, in dem doppelt so viele Störche wie Menschen leben, was zunehmend Touristen anlockt, mit **Szczurkowo,** das sich beiderseits der Grenze erstreckt, und **Lwowiec,** wo allein auf dem Kirchenturm mehrere Storchfamilien leben. Auf der Weiterreise erwarten einen spannende Zeugen der Ver-

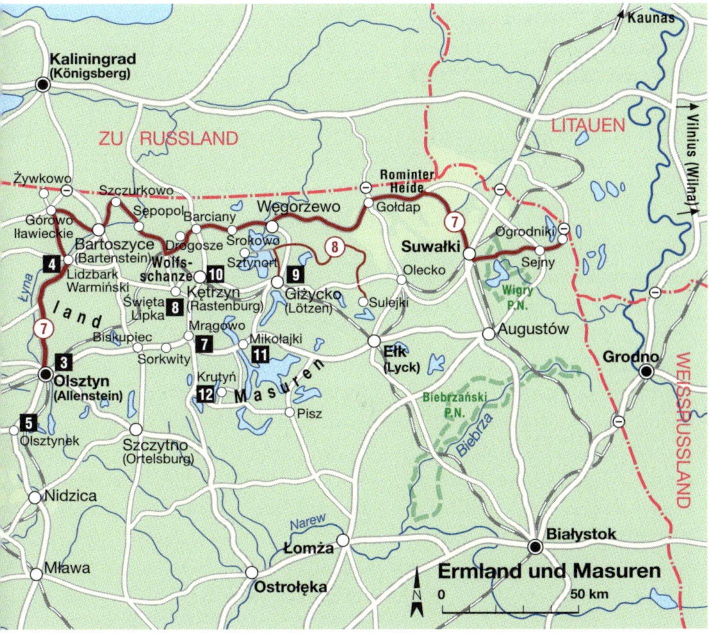

gangenheit: das **Schloss in Drogosze** (Döhnhoffstädt), die Deutschordensburg in **Barciany** (Barten) sowie die Bunker des Oberkommandos des Heeres OKH in **Mamerki** (Mauerwald), im Gegensatz zur Wolfsschanze in intaktem Zustand. In der **Rominter Heide** bieten sich herrliche Wandertouren an. Bevor man die litauische Grenze in **Ogrodniki** erreicht, sollte man unbedingt den **Wigierski-Nationalpark** mit seiner herrlichen Seenlandschaft besuchen. Elche und Seeadler sind in diesem Gebiet heimisch. Ideale Standquartiere für die Erkundung sind Węgorzewo, Gołdap sowie die einstigen Einsiedeleien des Kamaldulenserklosters auf einer Halbinsel im Wigry-See, mitten im Nationalpark (Tel. 0 87/5 63 25 62).

Fahrradtour von Sztynort nach Sulejki

8 Giżycko › Sztynort › Puszcza Borecka › Mazury › Święcajny › Sulejki

Dauer: 1 Tag, 75 km
Praktische Hinweise: Ausgangspunkt ist Giżycko. Da die schönsten Radrouten meist keine Schleife bilden, sollte man vom Zielpunkt Sulejki ein Taxi zurück nach Giżycko nehmen. Am besten vorab klären! Empfehlenswert: eine detaillierte Karte, die man vor Ort bekommt. Auf die Wegmarkierungen ist nämlich kein Verlass.

Masuren per Rad – eine der besten Möglichkeiten, um mit Land und Leuten auf Tuchfühlung zu gehen. Von **Giżycko** › S. 74 aus geht es nach **Pieczarki,** über einen Schotterweg nach **Harsz** und weiter nach **Sztynort** (Steinort), ein Mekka für Segler, bekannt auch durch das zunehmend verfallende Schloss der Familie Lehndorff. Von dort radelt man zurück nach Harsz, zunächst durch einen herrlichen Eichenwald, dann über eine Brücke, von der aus man einen weiten Blick auf die zwei Becken des Mauersees genießt. Über **Pozezdrze** und **Kruklanki** geht die Tour weiter nach Osten in den **Borkener Wald** (Puszcza Borecka), wo bis heute Wisente und Elche in freier Wildbahn leben (in der **Försterei Wolisko** kann man Wisente in einem Gehege bestaunen). Über **Czerwony Dwór** gelangt man weiter nach **Szwałk,** am Dorfeingang nach rechts abbiegen in Richtung **Mazury,** dann durch ein bewaldetes Naturschutzgebiet. Hinauf über den Moränenhügel geht es Richtung **Święcajny,** bis man das malerisch am See gelegene, ursprüngliche Dorf **Sulejki** erreicht.

Buch-Tipp In **So zärtlich war Suleyken** (Hoffmann und Campe 2002) beschreibt Siegfried Lenz in humorvollen Märchen, Anekdoten und Schelmenstücken Masuren. Die liebevolle Schilderung der Landschaft trifft in weiten Teilen bis heute zu. Panje-Wagen und schnatternde Gänse gehören ebenso zu Lenz' Masuren wie die unzähligen Störche im Sommer.

Unterwegs in der Region

Elbląg (Elbing) 1

Elbląg (127 000 Einw.) wurde im Laufe der Jahrhunderte mehrmals zerstört. Am Ende des Zweiten Weltkriegs glich die Stadt einem Trümmerfeld, aus dem nur die große Nikolaikirche, die Dominikanerkirche und das Markttor herausragten. Eine Sammlung spätgotischer und Renaissanceretabel in der Nikolaikirche, die zum Teil aus anderen vernichteten Sakralbauten Elblągs stammen, gibt eine Vorstellung vom einstigen Reichtum der Stadt. Der Wiederaufbau der Altstadt wurde in den 1990er-Jahren begonnen, doch an die einstige Bedeutung als Hafenstadt wird Elbląg so schnell nicht wieder anknüpfen können. Der einzige Zugang vom Frischen Haff zur Ostsee liegt bei der russischen Stadt Baltijsk (Pillau). 2010 wurde ein Abkommen über die Transitrechte unterzeichnet; dennoch ziehen selbst die kleinen Schiffe das am offenen Meer gelegene Danzig dem Elbinger Hafen vor.

5 Der ****Oberländische Kanal,** der von hier nach Ostróda führt, hat Elbląg berühmt gemacht. Er ist einzigartig, da die Schiffe nicht nur zu Wasser, sondern auch auf dem Land unterwegs sind. Das Wunderwerk der Technik von 1858 überwindet auf einer Länge von 81 km einen Höhenunterschied von fast 100 m. Das Besondere sind die technischen Anlagen, mit deren Hilfe die Schiffe auf Gleitkarren über Land gezogen werden. Mitte Mai bis Ende Sept. finden **Tagesfahrten auf dem Kanal** statt (Dauer: 12 Std. je Richtung; Reservierung in Elbląg: Tel. 0 55/2 32 43 07, www.zegluga.com.pl. Verpflegung mitnehmen!). Mit dem Auto ist eine **Spritztour zum Kanal** möglich, wenn man in Morzewo von der Hauptstraße nach Warschau abbiegt und 5 km nach Westen fährt. Hinter dem Dorf Drulity biegt man erneut rechts und gleich danach in einen ungeteerten Weg nach links ein. Um 12.20 Uhr sollten die Kameras einsatzbereit sein, wenn das Linienschiff an der Pochylnia Buczyniec (Buchwalde, »Schiefe Ebene«) eintrifft. Dort gibt es auch ein kleines, aber sehenswertes Museum des Kanals.

Echt gut!

Schiff über Land: unterwegs auf dem Oberländischen Kanal

Info

ul. Czerwonego Krzyża 2
Tel./Fax 0 55/2 32 42 34
www.it.elblag.com.pl

Hotel

Gromada Elbląg
pl. Słowiański 2
Tel. 0 55/2 30 61 91
www.zlotehotele.pl/gromada
Drei-Sterne-Hotel am Rande der Altstadt. Unterschiedlich große Zimmer, zwei Restaurants. Freundlicher Service.

Echt gut!

Die beliebtesten Schiffsausflüge

- Ein Klassiker: die Fahrt von **Elbląg** bis **Ostróda** über den Oberländischen Kanal in 12 Std. › S. 69.
- Bei der 2,5 Std. dauernden Fahrt über den größten See Polens, den Spirdingsee, und entlang des jez. Bełdany, von **Mikołajki** nach **Ruciane,** sieht man mit etwas Glück Wildpferde am Ufer › S. 76.
- Für Ornithologen: In **Giżycko** startet eine Tour rund um eine Kormoran-Insel › S. 74.
- Eine wunderschöne Schiffstour führt von **Mikołajki** nach **Giżycko** über den jez. Tałty, einen Kanal und drei kleinere Seen bis zum jez. Niegocin › S. 76.
- Über den 1824–1839 angelegten **Augustowski-Kanal** mit seinen unter Denkmalschutz gestellten Schleusen geht es von Augustów bis Przewięź in 1,5 Std. Wer mehr Zeit mitbringt, macht einen ganztägigen Ausflug zum Paniewo-See und zurück (www.augustow.eu/de).

Ticketbuchung für Fahrten auf dem Oberländischen Kanal möglich. ●●●

Restaurant

Kuchnia Wędrowca
ul. Wigilijna 12
Tel. 0 55/6 11 00 22
In der rekonstruierten Altstadt bietet die »Küche des Weltenbummlers« Spezialitäten aus sämtlichen Regionen dieser Erde – Ausdruck der Reiseleidenschaft des Besitzers. ●●

Frombork (Frauenburg) 2

Die **Kathedrale (14. Jh.) von Frombork erhebt sich majestätisch auf einem Hügel. Umgeben von Wehrmauern ist bereits der Bau allein mit seiner eleganten Westfassade und den mit Skulpturen geschmückten Portalen sehenswert. Hinzu kommen die wertvollen Ausstattungsstücke – die barocke Orgel, die Reste des ehemaligen Hauptaltars (1504) und das Rundbild des Dekans Boreschow (gest. 1426) an der rechten Wand des Chores. Man sollte sich die 227 Treppen des Radziejowski-Turmes hinaufmühen – der **Blick auf das Haff und die Nehrung** ist einmalig. Echt gut!

Frombork pflegt die Erinnerung an den Astronomen Nikolaus Kopernikus, der hier knapp 20 Jahre lebte (1524–1543). 2005 entdeckte man unter einem Kirchenpfeiler Gebeine, die man für Kopernikus´ sterbliche Überreste hielt. Nun fand diese Annahme wissenschaftliche Bestätigung: Im

Jahr 2010 wurde der berühmte Astronom feierlich neu bestattet.

Hotel

Kadyny Country Club
Tel. 0 55/2 31 61 20
www.kadyny.com.pl
20 km von Frombork am Frischen Haff gelegen. In den Gutsgebäuden von Wilhelm II. befindet sich heute ein empfehlenswertes Hotel mit 40 stilvoll eingerichteten Zimmern. Pluspunkte außerdem: Reitmöglichkeiten, Pool, Wellnessbereich. ●●●

Restaurant

Akcent
ul. Rybacka 4
Tel. 0 55/2 43 72 75
Im Sommer sitzt man auf einer Terrasse und genießt die schmackhaft zubereiteten Gerichte. Häufig von Reisegruppen frequentiert. ●

Olsztyn (Allenstein) 3

Die Stadt (150 000 Einw.) wird heute von einem Gürtel moderner Neubausiedlungen und Gewerbegebiete umgeben. Doch Allenstein ist mehr als nur eine Zwischenetappe auf der Reise zur großen Masurischen Seenplatte. In der wiederaufgebauten ***Altstadt** haben Künstler und Kunsthandwerker eine wunderbare Kulisse für ihre Ateliers mit angeschlossenen Galerien gefunden, die zahlreiche Besucher anlocken.

Nach einem Altstadtbummel sollte man noch genügend Zeit für die Besichtigung der ***Burg**

Fromborks Kathedrale

(zamek) aus dem 14. Jh. einplanen. Heute beherbergt sie das **Museum vom Ermland und Masuren** mit einer kunstgeschichtlichen und naturkundlichen Sammlung (Di–So 10–17, 15. Sept.–15. Juni bis 16 Uhr).

Zur selben Zeit wie die Burg wurde auch die ***Pfarrkirche Sankt Jakobi** (kościół Św. Jakuba) erbaut. Schmuckstück der Kirche sind die **gotischen Stern- und Netzgewölbe,** die in kunstvollen Variationen die Decke überziehen. Echt gut!

Mit dem **Kopernikus-Planetarium** in der aleja Zwycięstwa besitzt Olsztyn auch eine moderne Attraktion: Hier wird der Weltraum nicht aus Sicht der Erdbewohner gezeigt, sondern aus der Perspektive der Astronauten (tgl.

10.30-16 Uhr; Tel. 0 89/5 33 49 51, www.planetarium.olsztyn.pl).

Zu Wasser, zu Lande oder aus der Luft: Von der Schönheit der masurischen Landschaft kann man sich sowohl vom Deck der **Ausflugsdampfer,** die auf dem nahe gelegenen jez. Ukiel (auch jez. Krzywe) unterwegs sind, als auch aus der Luft überzeugen.

Echt gut! **Masuren aus der Vogelperspektive** – dieses einmalige Erlebnis bietet der Aeroklub Warmińsko-Mazurski, ul. Sielska 34, Tel./Fax 0 89/5 27 52 40, www.aeroklub.olsztyn.pl.

Echt gut! **Noch beeindruckender ist ein Ballonflug.** Bei »First Class Ballooning« in Krzyżany bei Ryn ist man in sicheren Händen (www.ballooning.pl, 0 87/4 20 70 29 oder 06 01/39 47 94).

Info

Staromiejska 1 (beim Hohen Tor)
Tel. 0 89/5 35 35 65
www.warmia.mazury.pl

Hotels

■ **Park**
ul. Warszawska 119
Tel. 0 89/5 24 06 04
www.beph.pl
Moderne Anlage, zweckmäßig eingerichtete Zimmer, teils behindertengerecht. Angeschlossen ist ein Restaurant in einem Wintergarten. ●●●

■ **Anders**
im Dorf Stare Jabłonki
Tel. 0 89/6 41 14 25
www.hotelanders.com.pl
Etwa 30 km südwestlich von Allenstein bietet das charmante Haus (120 Zimmer) eine preiswerte Alternative zum Park-Hotel. Zusätzlich werden hier nette Bungalows vermietet. ●●

Restaurant

Przystań
ul. Żeglarska 3
Tel. 0 89/5 35 01 81
In dem Restaurant am jez. Ukiel wird der Fisch fangfrisch aus dem See zubereitet. ●●

Ausflüge

**Burg Heilsberg 4

Die knapp 50 km von Olsztyn entfernte Burg Heilsberg in **Lidzbark Warmiński** lenkt an Regentagen vom grauen Himmel ab. Sie wurde nach 1350 als Residenz der ermländischen Bischöfe errichtet und ist neben der Marienburg das beeindruckendste Bauwerk der Region. Die hervorragend erhaltenen Innenräume bergen kunstvolle Gewölbe sowie originale Wandbemalungen – verblüffend in der Burgkapelle sind die barocken Putten, die seit einem Umbau im 18. Jh. von den Schnittpunkten der gotischen Rippen aus den Betrachter anlächeln.

Olsztynek (Hohenstein) 5

Einen Ausflug in die Geschichte bietet Olsztynek, 26 km südlich von Olsztyn. Im Jahr 1927 hatten die Deutschen in der Nähe ein Ehrenmal aufgestellt, das an ihren Sieg über Russland im Ersten Weltkrieg, in der sog. Zweiten Schlacht von Tannenberg, erinnerte. Im August 1914 hatte hier Paul von Hindenburg die russische Armee »Narew« geschlagen. Vom Denkmal blieben nur ein Löwe auf dem Marktplatz und eine Eingangsarkade neben dem »Zajazd Mazurski« erhalten.

Angezogen werden die Besucher von dem am Stadtrand gelegenen ***Freilichtmuseum** (Tel. 0 89/5 19 15 42, www.muzeum olsztynek.com.pl) › rechts.

Grunwald 6

Wer ein Faible für Geschichte hat, kann 20 km südlich von Olsztynek ein weiteres historisches Schlachtfeld aufsuchen. Am 15. Juli 1410 schlug das vereinigte polnisch-litauische Heer bei den Orten Grunwald (Grünfelde) und **Stębark** (Tannenberg) die Truppen des Deutschen Ordens vernichtend. Der Hochmeister Ulrich von Jungingen starb in der Schlacht, und damit war der Mythos von der Unbesiegbarkeit des Ritterordens gebrochen. Daran erinnert ein 1960 errichtetes bombastisches Denkmal sowie die jeweils zum Jahrestag am 15. Juli veranstalteten Ritterspiele (www.grunwald1410.pl).

Mrągowo (Sensburg) 7

Die Stadt profitiert von ihrer schönen Umgebung. Weil von hier aus die klassischen Touristenattraktionen wie die Barockkirche Święta Lipka (Heiligelinde) und die größten der masurischen Seen in Tagesausflügen zu erreichen sind, können sich die Hoteli-

Echt gut!

Die interessantesten Freilichtmuseen

- Das **Muzeum Budownictwa Ludowego** in Olsztynek präsentiert Beispiele der bäuerlichen Architektur Masurens, aus dem Ober- und dem Ermland. Hauptattraktion ist eine Gruppe von Windmühlen › S. 73.
- 40 Bauten aus der Kaschubei und der Region Kociewie, darunter eine Holzkirche aus Swornegacie (1700), gibt es im Freilichtmuseum **Wdzydze** bei Kościerzyna **(Kaszubski Park Etnograficzny, Tel. 0 58/6 86 11 30, www.muzeum-wdzydze.gda.pl)** zu entdecken, das bereits seit Beginn des 20. Jhs. existiert.
- Typische Bauten der Volksgruppen Südostpolens, darunter der ukrainischen Bergstämme Bojken und Lemken, sind im **Muzeum Budownictwa Ludowego** in Sanok zu bewundern, darunter drei orthodoxe Holzkirchen › S. 133.
- Dachlaubenhäuser und ein Adelshaus aus dem 17. Jh. sind die Höhepunkte des Museums **Orawski Park Etnograficzny w Zubrzycy Górnej Zubrzyca (westlich von Nowy Targ, Tel. 0 18/2 85 27 09)**, das Häuser der historischen Region Orawa (Arwa) westlich der Hohen Tatra präsentiert.
- In Toruń lockt der **Park Etnograficzny** mit den traditionellen Gehöften des Kulmerlandes, Kujawiens und der Tucheler Heide › S. 103.
- Touristischer Anziehungspunkt in Opole (Oppeln) ist das **Muzeum Wsi Opolskiej**, in dem mehrere Bauernhöfe und sogar eine Kirche originalgetreu wiederaufgebaut worden sind › S. 114.

ers nicht über einen Mangel an Gästen beklagen.

Hotel

Mercure Mrongovia
ul. Giżycka 6
Tel. 0 89/7 43 31 00
www.mercure.com
Großzügige Zimmer sowie ein gutes Restaurant, Spa-Einrichtungen, Reitstall. 5 Min. vom Seeufer entfernt. Trotz der Größe (215 Zimmer) strahlt das Haus eine gewisse Intimität aus. ●●●

Ausflug nach Święta Lipka (Heiligelinde) 8

Zum touristischen Pflichtprogramm einer jeden Masurenreise gehört ein Besuch im Wallfahrtsort Święta Lipka. Schon die Fahrt über die Moränenhügel entlang der Seen begeistert. Auf einer großen Lichtung erhebt sich die Echt gut! ****Wallfahrtskirche aus dem 17. Jh.** in überschwänglichem Barock. Überraschend der Anblick des doppeltürmigen Baus mit gelb-weißer Fassade, den man eher in Italien als in Polen vermuten würde. Einen bleibenden Eindruck hinterlässt die bewegliche Orgel. Bei manchen musikalischen Stücken drehen sich die Sterne, die Putten spielen Musikinstrumente und der Erzengel Gabriel verbeugt sich vor Maria, die daraufhin mit dem Kopf nickt (stündlich finden Orgelvorführungen statt: 9.30–11.30, 13.30 bis 17.30, So 10.30, 12.30, 13.30, 15.30 und 16.30 Uhr).

Giżycko (Lötzen) 9

Das meistbesuchte Ferienzentrum Masurens ist Giżycko. Seine Beliebtheit verdankt der Ort der herrlichen Lage zwischen dem **jez. Niegocin** (Löwentin-See) im Süden und dem **jez. Kisajno** (Kissain-See, eigentlich Teil des Mauer-Sees) im Norden. 1772 wurden beide Seen durch einen Kanal miteinander verbunden, der heute vor allem Wassersportlern als Verkehrsweg dient; auch eine historische Schwenkbrücke ist erhalten. Außerhalb liegt die 1847–1853 erbaute **Festung Boyen,** die im Ersten Weltkrieg einen erheblichen Anteil an dem deutschen Sieg in der Schlacht bei den Masurischen Seen hatte. Die Festung kann man besichtigen.

Info

- **ul. Wyzwolenia 2**
Tel. 0 87/4 28 52 65
www.gizycko.turystyka.pl
- **Schiffsausflüge:**
Tel. 0 87/4 28 25 78,
www.zeglugamazurska.com.pl

Hotels

- **Ryn**

Zamek Ryn
11-520 Ryn
Tel. 0 87/4 29 70 00
www.zamekryn.pl
19 km südwestlich von Giżycko bietet die umgebaute Deutschordensburg nobles Ambiente. Das Schwimmbecken wurde raffiniert in einem gotischen Kellergewölbe untergebracht. ●●●

Die Wallfahrtskirche von Święta Lipka

■ **Europa (Las)**
ul. Wojska Polskiego 37
Tel. 0 87/4 29 30 01
www.hoteleuropa-gizycko.pl
Sympathisches Hotel am Ufer des Kissain-Sees. Vielfältiges Sport- und Unterhaltungsprogramm. ●●

Restaurant

Złota Rybka
ul. Olsztyńska 5
Tel. 0 87/4 28 55 10
Empfehlenswerte Fischgerichte, darunter **Hecht auf masurische Art.** ●●

Echt gut!

Ausflug zur Wolfsschanze 10

Etwa 30 km sind es bis zur Wolfsschanze (Richtung Kętrzyn, in Karolewo rechts ab). Beim Dorf Gierłoż (Görlitz) liegt inmitten der masurischen Wälder ein riesiger Bunkerkomplex, erbaut aus Tonnen von Stahl und Beton: das einstige Hauptquartier Adolf Hitlers, die »Wolfsschanze«. Hier verübte am 20. Juli 1944 Claus Graf Schenk von Stauffenberg sein Attentat auf den »Führer«; die Bombe verletzte ihn aber nur leicht. Heute ist die Stätte ein viel besuchtes Touristenziel. Es werden Führungen angeboten (tgl. 8 Uhr bis Sonnenuntergang, www.wolfsschanze.pl).

*Mikołajki (Nikolaiken) 11

Der Vergleich mit Venedig ist zwar etwas übertrieben, aber die Schönheit des Ortes Mikołajki ist unbestritten. Die Nähe zum mit 120 km^2 größten masurischen See, dem **jez. Śniardwy** (Spirding-See), macht den Fleck zu einem Eldorado für Wassersportler. Von

Der Spirding-See – einer von dreitausend Seen in den Masuren

Mikołajki legen Ausflugsschiffe zu Fahrten über die großen Seen ab. Eindrucksvoller Abschluss der Masurenreise ist ein Besuch des 5 km östlich von Mikołajki gelegenen **jez. Łuknajno.** Hier verbringen jährlich Tausende Höckerschwäne und Graureiher die Sommermonate. Mikołajki ist umgeben von Seen und weiten Wäldern. In dieser herrlichen Landschaft kann man nach Herzenslust schwimmen, surfen, segeln, paddeln, wandern, reiten und Rad fahren …

Info

- **Pl. Wolności 3**
Tel. 0 87/4 21 68 50
- **Schiffsausflüge:**
Reederei Żegluga Mazurska,
Mikołajki
Tel. 0 87/4 21 61 02
www.zeglugamazurska.com.pl

Hotel

Gołębiewski
ul. Mrągowska 34
Tel. 0 87/4 29 07 00, 4 21 61 20
www.golebiewski.pl
Die größte Hotelanlage der Region (667 Zimmer) liegt direkt am Tałty-See und bietet eine perfekte Infrastruktur für einen abwechslungsreichen Urlaub: u. a. mehrere Restaurants, Schönheitssalon, Nachtclub, Erlebnisbad, Halleneisbahn und Golfakademie. ●●●

Restaurant

Król Sielaw
ul. Kajki 5
Tel. 0 87/4 21 63 23
Hervorragende Borschtsch-Suppen, viele Wildgerichte. ●●

Ausflug nach Krutyń 12

Der kleine Ort Krutyń (Krutinnen) bei Ukta, ca. 20 km südlich von Mikołajki, liegt am wohl malerischsten Fluss Masurens, der Krutynia (Krutinna), bei Paddlern schon längst kein Geheimtipp mehr. In Krutyń werden ****Stocherkahnfahrten** angeboten. Mit langen Stangen werden kleine, flache Boote für fünf bis sechs Personen flussaufwärts gestakt, zurück treiben sie von selbst. Eine Tour durch die traumhaft schöne Landschaft dauert ca. 1,5 Stunden. Danach lohnt ein Bummel über den kleinen Souvenir- und Kunsthandwerkermarkt.

Echt gut!

Das Łazienki-Palais in Warschau liegt in einem wunderbaren Park

Warschau und Polens Mitte

Nicht verpassen!

- An einem lauen Sonntag im Warschauer Łazienki-Park den Klängen Chopins lauschen
- Ein Glas Lech – in Posen gebrautes Bier – am Marktplatz von Posen genießen
- Die Bronzetür des Doms von Gnesen, einzigartiges Zeugnis romanischer Schmiedekunst
- Schloss und Fabrik des Textilbarons Moritz Poznański in Łódź

Zur Orientierung

Polens Mitte ist flach, eine Landschaft voller Melancholie, von sandigen Böden, Kopfweiden und Flüssen geprägt, die sich seit Jahrtausenden hier ihren Weg bahnen: Oder, Warthe, Weichsel und Bug. Zahlreiche Sehenswürdigkeiten und bedeutende Städte machen die fehlenden Berge oder Küsten rasch wieder wett. Warschau, das nach der völligen Zerstörung im Zweiten Weltkrieg wie ein Phönix aus der Asche auferstanden ist, bietet ein erstaunlich vielfältiges Kulturleben, wunderschöne Parkanlagen und zahlreiche Sehenswürdigkeiten. Die Messestadt Posen ist die wirtschaftlich, kulturell und historisch wichtigste Stadt in Westpolen. Besonders zu Messezeiten ist hier eine frühzeitige Zimmerreservierung ratsam. In der Attraktivitätsskala folgt Thorn, eine im 14. und 15. Jh. Danzig ebenbürtige Hansestadt, die geschichtlich betrachtet mehr Glück hatte und mit ihrer noch original erhaltenen

9 **Zu den frühen romanischen Kirchen** Posen › Gniezno › Strzelno › Kruszwica › Inowrocław › Toruń

Bausubstanz aufwarten kann. Auch die Umgebung, reich an Deutschordensburgen, ist für Entdeckungen gut. Und nicht zuletzt das hässliche Entlein unter den polnischen Städten: Łódź. Zwar sucht man hier vergeblich nach historischen Zeugnissen, dafür bietet die zweitgrößte Stadt Polens, seit dem 19. Jh. Sitz der Textilindustrie, einen Einblick in die Welt des Frühkapitalismus. Zu den Attraktionen der Landesmitte zählen mehrere Nationalparks, Landschlösser, Burgen und romanische Kirchen. In einer Woche bekommt man bereits einen ersten Eindruck von der Region.

Touren in der Region

Zu den frühen romanischen Kirchen

9 Posen › Gniezno › Strzelno › Kruszwica › Inowrocław › Toruń

Dauer: 3 Tage
Praktische Hinweise: Autotour. Übernachten sollte man in Posen, Gniezno und Toruń. Falls die Kirche in Strzelno geschlossen ist: den Schlüssel nebenan im Museum abholen!

10 Auf den Spuren des Deutschen Ordens Toruń › Chełmża › Chełmno › Grudziądz › Radzyń Chełmiński › Golub-Dobrzyń

Das Gebiet um Posen gilt als Kernland des polnischen Staates. 966 christianisiert, wurden hier die ersten Kirchen aus Stein errichtet. Neben imposanten romanischen Gotteshäusern locken weitere Sehenswürdigkeiten: u. a. die reizvolle Seenlandschaft bei Strzelno und das Freilichtmuseum von Lednica.

Der Weg führt über **Lednica** mit seinem Freilichtmuseum nach **Gniezno** (Gnesen) › S. 100, wo die **Bronzetür des Doms** einen künstlerischen Höhepunkt der Tour darstellt. Echt gut! Über **Trzemeszno** (barocke Kuppelkirche mit romanischen Resten) gelangt man nach **Strzelno,** wo den Besucher in der Kirche der Prämonstratenserinnen eine kunsthistorische Seltenheit erwartet. Die Säulen des Hauptschiffes wurden im 12. Jh. mit Skulpturen überzogen, rechts sind die personifizierten Tugenden zu sehen, links die Laster, darunter die Wollust mit an den Brüsten hängenden Schlangen und der sich die Haare vom Kopf raufende Zorn. Nicht nur die Säulen sind ein Rätsel, die Wissenschaftler grübeln auch über die Bedeutung der direkt neben der Klosterkirche errichteten romanischen Rundkirche. Den Ausflug rundet ein Abstecher zum nahe gelegenen Ort **Kruszwica** ab, wo eine romanische Stiftskirche sowie ein mittelalterlicher Wohnturm Beachtung verdienen. Gegen Ende der Route lohnt noch ein Halt bei der romanischen Marienkirche von **Inowrocław** (Hohensalza). Die in die Steinblöcke gehauenen Fratzen haben vermutlich eine dämonenabwehrende Funktion: Der schreckliche Anblick hält das Böse davon ab, in die Kirche einzutreten. Von dort sind es knapp 40 km zum Endpunkt der Tour, bis Toruń.

Auf den Spuren des Deutschen Ordens

(10) Toruń › Chełmża › Chełmno › Grudziądz › Radzyń Chełmiński › Golub-Dobrzyń

Dauer: 2–3 Tage
Praktische Hinweise: Basisstation ist die Stadt Toruń, in der es gute Übernachtungsmöglichkeiten gibt. Für diese Tour brauchen Sie unbedingt ein Auto.

Die romantischen Burgruinen des Deutschen Ordens stehen im Mittelpunkt dieser Tour. Nördlich von Toruń erstreckt sich das Kulmerland. Von hier aus begann der Orden 1230 die Eroberung des Prußenlandes. Zwischen 1250 und ca. 1340 wurden in der Region rund ein Dutzend Konventshäuser errichtet, die selbst als Burgruinen noch Eindruck machen. Auf einigen dieser Burgen, z. B. in Golub-Dobrzyn, werden im Sommer **historische Ritterspiele** veranstaltet. Echt gut!

In **Chełmża** (Kulmsee) ragt stolz die Kathedrale des Kulmerlandes empor, Grabstätte des Siegfried von Feuchtwangen, der im 14. Jh. Hochmeister des Deutschen Ordens war. Nach dem Besuch der reizvollen, hoch über der Weichsel thronenden Anlage von **Chełmno** (Kulm) gelangt man jenseits des Stroms nach **Świecie** (Schwetz) mit den mächtigen Überresten einer Deutschordensburg. Vorbei an **Grudziądz** (Graudenz), dessen Bergfried noch kurz vor Kriegsende 1945 in die Luft gesprengt wurde, nähert man sich dem Höhepunkt des Ausfluges: **Radzyń Chełmiński** (Rehden), einer **Burg wie aus dem Bilderbuch.** Das nächste Ziel ist **Brodnica** (Strasburg) mit einem gut erhaltenen Bergfried, den Friedrich Wilhelm IV. 1842 auf der Durchreise nach St. Petersburg vor dem Abbruch rettete. Hat man erst die scheinbar nicht enden wollende Treppe erstiegen, breitet sich einem zu Füßen eine

Echt gut!

Golub-Dobrzyń

gut erhaltene mittelalterliche Kleinstadt aus. Die Anfang des 14. Jhs. errichtete Burg **Golub-Dobrzyń** (Gollub) lohnt einen Halt, bevor man zurückfährt nach ****Toruń** › S. 102, das ebenfalls eine sehenswerte Deutschordensburg besitzt.

Der Deutsche Orden

Konrad I. von Masowien traf 1225 eine folgenschwere Entscheidung: Er bat den zuvor in Palästina gegründeten Deutschen Orden, ihm gegen das Baltenvolk der Prußen zur Seite zu stehen, im Gegenzug erhielt der Deutsche Orden das Kulmerland. So zogen die ersten Ritter in die Gegend des späteren Thorn und erbauten dort ihre Burgen. Schließlich unterwarfen sie die Preußen und errichteten an der Stelle des prußischen Stammesgebietes den mächtigen Ordensstaat Preußen und besiedelten ihn mit Ankömmlingen aus dem Westen und Süden. An der Spitze stand der Hochmeister, der seit 1309 in der Marienburg residierte.

Nachdem Litauen von Polen christianisiert worden war und die beiden Staaten eine Union bildeten, kam es 1410 zur verlustreichen Schlacht bei Tannenberg › S. 73. Im Kampf um die Vormachtstellung im Osten Europas erlitt der Deutsche Orden gegen das vereinigte polnisch-litauische Heer eine vernichtende Niederlage. 1457 fiel die Marienburg und kurz danach das ganze spätere Westpreußen in polnische Hände. 1525 wurde der Rest-Ordensstaat in das protestantische Herzogtum Preußen (späteres Ostpreußen) umgewandelt und der ehemalige Hochmeister, nun Fürst Albrecht von Hohenzollern, legte vor dem polnischen König den Lehnseid ab.

6 **Warschau (Warszawa) 1

Vom Kulturpalast zum Großen Theater

Egal an welcher Stelle der Stadt man sich gerade befindet, von überall ist der monumentale ***Kulturpalast** A zu sehen. Mitten im Zentrum Warschaus protzt das 1952–1955 errichtete Hochhaus im Zuckerbäckerstil, ein Geschenk der Sowjetunion an das polnische »Brudervolk«. Heute tut sich die Hauptstadt (1,7 Mio. Einw.) schwer mit ihrem stalinistischen Erbstück, denn die Unterhaltskosten für die 3288 Räume sind enorm. Im Kulturpalast befinden sich u.a. Theater, Museen, ein Schwimmbad, Kino sowie Büroräume. Von der Aussichtsplattform genießt man einen Echt gut! **grandiosen Blick über Warschau** (tgl. 10–20 Uhr, Juli und Aug. zusätzlich Fr, Sa bis 24 Uhr).

In nördlicher Richtung führt der Weg vorbei an der Allerheiligenkirche zur **Nożyk-Synagoge** B. Das eher unscheinbare Bethaus (erbaut 1900), das als einziges von drei im Ghetto überdauerte, ist heute Versammlungsort der wenigen Warschauer jüdischen Glaubens.

Nach einigen Fußminuten Richtung Osten erreicht man die **Protestantische Kirche** (zbór ewangelicko-augsburski) C. Die neoklassizistische Rotunde mit zylindrischem Baukörper und Laternenkuppel von 1781 wurde nach dem Krieg wieder aufgebaut. Wegen ihrer hervorragenden Akustik finden in der Kirche viele **Chor- und Orgelkonzerte** statt. Echt gut! Schon Chopin gastierte hier im Alter von 14 Jahren.

Nicht rekonstruiert wurde hingegen das einstige **Sächsische Palais.** Allein ein Fragment des Arkadengangs ist erhalten, Wiederaufbaupläne wurden 2009 vorläufig auf Eis gelegt. Hier befindet sich seit dem Ende des Ersten Weltkriegs das **Grab des Unbekannten Soldaten** (Grób Nieznanego Żołnierza) D. Aus ganz Europa wurden Urnen mit der Erde von den Schlachtfeldern, auf denen polnische Soldaten gefallen sind, zusammengetragen. Täglich um 12 Uhr findet unter den Augen neugieriger Touristen die Wachablösung statt. Dahinter erstreckt sich der **Sächsische Garten** (Ogród Saski), dessen große Achse kein Geringerer als der Architekt des Dresdner Zwingers, Matthes Daniel Pöppelmann, anlegte. Ein idealer Platz, um der Großstadthektik für einen Augenblick zu entrinnen.

Nach einem Spaziergang durch den Park kommt man zum **Großen Theater** (Teatr Wielki) E, 1825–1833 erbaut. Gerade weil es im geteilten Polen entstand, sollte es den Stolz der Kulturnation zum Ausdruck bringen. Das Gebäude gilt mit der vom italienischen Baumeister Antonio Corazzi gestalteten Fassade als Musterbei-

Teil der wieder aufgebauten Altstadt: der Zamkowy-Platz

spiel klassizistischer Baukunst. Mit seinen fast 2000 Plätzen ist es Polens größtes Opernhaus (www.teatrwielki.pl).

Kapuzinerkirche und Krasiński Palais

Der weitere Weg führt auf der ulica Senatorska und der ulica Miodowa an prächtigen Stadtpalais vorbei zu der barocken **Kapuzinerkirche** F aus dem 17. Jh. In einer der Kapellen sind das Herz des Stifters, König Jan III. Sobieski, sowie die einbalsamierten Eingeweide August des Starken eingemauert.

Vorbei an dem 1989 geschaffenen **Denkmal der Helden des Warschauer Aufstandes,** dessen Ästhetik zu heftigen Diskussionen geführt hat, sowie an dem neueren postmodernen Bau des obersten Gerichtes geht es zum barocken ***Krasiński Palais** G. Der aus den Niederlanden stammende Architekt Tilman van Gameren entwarf das Palais mit seiner eleganten Fassade 1677. Heute beherbergt es die **Nationalbibliothek,** zu deren Beständen eine kostbare Handschriftensammlung gehört.

Zehn Minuten zu Fuß vom westlichen Rand des Parks liegt das ***Denkmal der Helden des Ghetto-Aufstandes** (pomnik Bohaterów Getta) an der ulica Zamenhofa. Der Bildhauer Natan Rappaport entwarf das Denkmal 1948. Hier kniete Willy Brandt 1970 nieder, um im Namen des deutschen Volkes der Opfer der nationalsozialistischen Gräuel zu gedenken.

Die große Baustelle in der Nähe des Denkmals markiert die Stelle, wo 2013 das Museum der Geschichte der polnischen Juden eröffnet werden soll.

Die alte *Neustadt

Echt gut!

Die verwinkelten Gassen der alten Neustadt und der ***Altstadt** sind Fußgängerzone. Über dem Neustädter Markt (Rynek Nowego Miasta) erhebt sich die Kuppel der **Kirche der Sakramentinerinnen** H, ein schöner Zentralbau mit Klostergebäude. Auch hier war Tilman van Gameren am Werk, der als Hauptmeister des polnischen Barock gilt.

Schaut man in Richtung Weichselufer, so erblickt man den Glockenturm der gotischen **Marienkirche** I. Von der Terrasse an der Ostseite der Kirche schweift der Blick über die Weichsel (Wisła), bis hinüber zur Vorstadt Praga.

Stadtgeschichte

Im Laufe ihrer 700-jährigen Geschichte haben Stadt und Bewohner bereits so manche Katastrophe erlebt. Aber nicht die Verwüstungen während der Nordischen Kriege, nicht die Besetzung durch die Russen, selbst nicht die Aufstände in der Zeit der Polnischen Teilungen brannten sich so in die Erinnerung der Warschauer ein wie die Grauen des jüngsten Krieges. Es waren Jahre des Terrors und der Vernichtung eines großen Teiles der Bevölkerung. Viele Menschen wurden zur Zwangsarbeit nach Deutschland deportiert oder in Konzentrationslager gebracht. Das dunkelste Kapitel der deutschen Besatzung ist sicherlich die Geschichte des Warschauer Ghettos. Ab 1940 wurden die jüdischen Bewohner der Stadt in einem immer enger gefassten Gebiet zusammengepfercht. Täglich fuhren die Güterzüge ins 100 km entfernte Vernichtungslager Treblinka. Als für die wenigen im Ghetto verbliebenen Menschen die Lage immer aussichtsloser wurde, entschlossen sich die Verzweifelten zu einem letzten Aufbegehren: Im April 1943 brach der Ghetto-Aufstand aus. Die SS-Einheiten schlugen den Aufstand in vier Wochen nieder; anschließend wurde das gesamte Ghetto-Gelände dem Erdboden gleichgemacht.

Nach dem Warschauer Aufstand im Jahr 1944 › S. 88 wurden die Überlebenden vertrieben und auch die Bebauung der anderen Stadtteile gesprengt. Beim Einmarsch der Roten Armee war die Stadt zu über 80 % zerstört und fast menschenleer. Doch schon gleich nach Kriegsende wurde mit dem Wiederaufbau begonnen. Heute präsentiert sich die Hauptstadt als blühende Metropole und Konglomerat historischer Bauten, pompöser steinerner Erinnerungen an die Zeit des Stalinismus und marmorner Büropaläste internationaler Firmen. Das Ausmaß der damaligen Vernichtung ist kaum mehr vorstellbar.

Am Altstädtischen Markt haben Kutscher ihren Standplatz

Der Weg in die Altstadt führt an dem **Geburtshaus** einer berühmten Polin vorbei. In der ulica Freta Nr. 16 (heute ein kleines Museum) wurde 1867 Maria Skłodowska geboren, bekannt geworden als **Madame Curie,** Chemikerin, Physikerin, zweifache Nobelpreisträgerin und Mitbegründerin der Radiochemie. Gemeinsam mit ihrem Mann, Pierre Curie, entdeckte sie 1898 ein Element, das sie nach ihrer Heimat Polonium nannte (Di–Sa 10–16, So 10–14 Uhr).

*Die Altstadt – Stare Miasto

Das älteste Stadtviertel Warschaus, das auf das 13. Jh. zurückgeht, stammt in seiner heutigen Form aus dem 20. Jh. und ist eine wahre Glanzleistung polnischer Restauratorenkunst, war die Altstadt doch 1945 vollständig zerstört. Der Wiederaufbau der Warschauer Altstadt – heute UNESCO-Welterbe – war aber nicht nur künstlerisch von Bedeutung, sondern Ausdruck des nationalen Selbstbewusstseins. Sie steht für Kontinuität und ist ein Symbol dafür, dass die Nation trotz aller Vernichtungsversuche immer noch existiert.

Die **Barbakane** **J**, eine massive runde Vortorbefestigung aus dem 16. Jh., markiert den Eingang in die Altstadt. Eine vergleichbare Barbakane besitzt Krakau, entsprechend kleinere Bauwerke findet man z. B. in Carcassonne oder Rothenburg ob der Tauber. Dreh- und Angelpunkt der Altstadt ist der **Altstädtische Markt** (Rynek Starego Miasta) **K**, der von dreistöckigen Bürgerhäusern, ursprünglich aus dem 15. bis 19. Jh.,

Echt gut!

umrahmt wird. Hier flanieren Hauptstädter wie Touristen gleichermaßen gern. Man trifft sich zum Kneipenbummel oder lässt sich an einem der vielen Cafétische nieder. Junge Künstler preisen Porträts und verschiedenste Altstadtansichten an. Für ermüdete Besucher stehen Pferdekutschen (dorożki) zu Rundfahrten bereit.

Vom Marktplatz geht man in wenigen Minuten vorbei an der Jesuitenkirche bis zur ***Johanneskathedrale** L, dem größten Gotteshaus der Altstadt. Der gotische Sakralbau mit einem beachtenswerten Sterngewölbe geht auf das 14. Jh. zurück. In der Johanneskathedrale haben viele berühmte Persönlichkeiten ihre letzte Ruhe gefunden, darunter der große Schriftsteller und Nobelpreisträger Henryk Sienkiewicz (»Quo Vadis?«) und der 1981 verstorbene Primas von Polen, Kardinal Stefan Wyszyński.

Den südlichen Abschluss der Altstadt bildet der Schlossplatz (plac Zamkowy) mit dem ***Königsschloss** M, dessen prunkvolle Innenräume detailgenau rekonstruiert wurden. Einige Stücke der Originalausstattung waren während des Zweiten Weltkriegs ausgelagert und konnten so gerettet werden. Der Canaletto-Saal zählt mit seinen 23 Stadtveduten des venezianischen Malers Bernardo Bellotto, gen. Canaletto (1720 bis 1780), die als Vorlage für den Wiederaufbau der Stadt nach dem Krieg dienten, sicherlich zu den schönsten Räumen. Der komplette Wiederaufbau dauerte fast 20 Jahre (Mo–Sa 10–18, So 11 bis 18, Winter bis 16 Uhr, www.zamek-krolewski.pl).

Vor dem Königsschloss erstreckt sich der Schlossplatz mit der **Sigismund-Säule,** ein beliebtes Fotomotiv. Der gegenreformatorische Eifer des Königs Sigismund III. Wasa bewog den Künstler dazu, dem König ein Kreuz in die Hand zu geben.

*Der Königsweg

Nach dem Verlassen der Altstadt stößt man auf den Königsweg (Trakt Królewski), einen rund 10 km langen **Prachtboulevard,** Echt gut! der das Königsschloss mit Schloss Wilanów verbindet. Repräsentative Bauten säumen den Weg, der sich streckenweise in eine belebte Geschäftsstraße verwandelt.

Den Auftakt des Königswegs bildet die **St. Annenkirche** N. Das gotische Gotteshaus stammt

A Kulturpalast
B Nożyk-Synagoge
C Protestantische Kirche
D Grab des Unbekannten Soldaten
E Großes Theater
F Kapuzinerkirche
G Krasiński Palais
H Kirche der Sakramentinerinnen
I Marienkirche
J Barbakane
K Altstädtischer Markt
L Johanneskathedrale
M Königsschloss
N St. Annenkirche
O Radziwiłł Palais
P Visitantinnenkirche
Q Universität
R Kopernikus-Denkmal
S Chopin-Museum
T Nationalmuseum
U Alexanderkirche

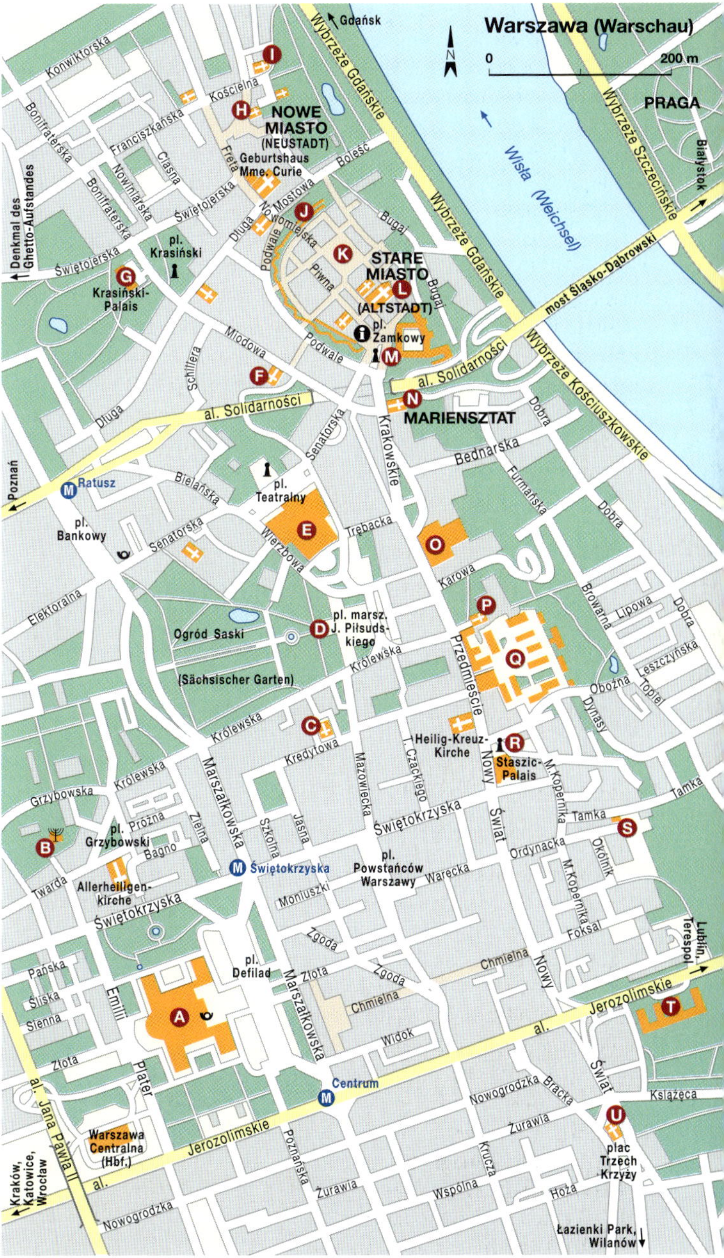
Warszawa (Warschau)
0
200 m
PRAGA
Wisła (Weichsel)
NOWE MIASTO (NEUSTADT)
Geburtshaus Mme. Curie
STARE MIASTO (ALTSTADT)
pl. Zamkowy
MARIENSZTAT
pl. Krasiński
Krasiński-Palais
pl. Teatralny
pl. Bankowy
Ratusz
Ogród Saski
(Sächsischer Garten)
pl. marsz. J. Piłsudskiego
Heilig-Kreuz-Kirche
Staszic-Palais
pl. Grzybowski
Allerheiligen-kirche
Świętokrzyska
pl. Powstańców Warszawy
pl. Defilad
Centrum
Warszawa Centralna (Hbf.)
plac Trzech Krzyży
Łazienki Park, Wilanów
Kraków, Katowice, Wrocław
Lublin, Terespol
Białystok
Poznań
Gdańsk
Denkmal des Ghetto-Aufstandes
most Śląsko-Dąbrowski
Wybrzeże Gdańskie
Wybrzeże Szczecińskie
Wybrzeże Kościuszkowskie
al. Solidarności
Krakowskie Przedmieście
Nowy Świat
Marszałkowska
al. Jerozolimskie
al. Jana Pawła II
Emilii Plater
Świętokrzyska
Królewska
Miodowa
Podwale
Freta
Długa
Senatorska
Bielańska
Wierzbowa
Trębacka
Karowa
Bednarska
Furmańska
Dobra
Browarna
Lipowa
Leszczyńska
Oboźna
Topiel
Dynasy
Tamka
Ordynacka
Okólnik
M. Kopernika
Foksal
Chmielna
Zgoda
Złota
Widok
Bracka
Nowogrodzka
Żurawia
Wspólna
Hoża
Krucza
Książęca
Poznańska
Mazowiecka
T. Czackiego
Kredytowa
Jasna
Szkolna
Zielna
Moniuszki
Warecka
Próżna
Bagno
Grzybowska
Twarda
Pańska
Śliska
Sienna
Elektoralna
Konwiktorska
Bonifraterska
Franciszkańska
Nowiniarska
Ciasna
Świętojerska
Kościelna
Bolesć
Mostowa
Nowomiejska
Piwna
Bugaj
Schillera
A
B
C
D
E
F
G
H
I
J
K
L
M
N
O
P
Q
R
S
T
U

aus der zweiten Hälfte des 15. Jhs., wurde aber mehrmals umgebaut und zeigt sich heute in klassizistischem Stil. Venedig-Kenner werden bemerken, dass die Fassade deutlich der venezianischen Palladio-Kirche Il Redentore nachempfunden ist.

Zu den eindrucksvollsten Profanbauten, die den Königsweg säumen, zählt das **Radziwiłł Palais O**; es ist heute Sitz des Präsidenten. Das Reiterdenkmal im Innenhof, das den in der Leipziger Völkerschlacht gefallenen Fürsten Józef Poniatowski darstellt, stammt vom dänischen Bildhauer Bertel Thorvaldsen. Zwischen den Residenzen der großen Familien Polens liegt die spätbarocke ***Visitantinnenkirche P** mit ihrer üppigen, durch eine plastische Säulengliederung strukturierten Fassade und ihrer verspielten Rokoko-Ausstattung.

Weiter führt der Weg zur **Universität Q**. Die ehemaligen Paläste der Adelsfamilien Tyszkiewicz und Uruski sowie das einstige Königsschloss Kazimierzowski dienen der Forschung und Lehre. Wohl kaum eine andere Hochschule verfügt über derart schöne Gebäude.

Der Warschauer Aufstand 1944

Am 1. August 1944 erhob sich die Stadtbevölkerung gegen das nationalsozialistische Besatzungsregime. Treibende Kraft des Aufstands war die bürgerliche Londoner Exilregierung, die direkt vor dem Einmarsch der Truppen Stalins eine legitime Regierung in der Hauptstadt etablieren wollte. Die Rote Armee stand zu diesem Zeitpunkt schon in der Nähe des östlichen Weichselufers, griff jedoch aus politischen Überlegungen heraus nicht in die Kämpfe ein – während der Ära des Kommunismus ein Tabuthema. Wehrmacht und SS-Verbände legten Warschau in Schutt und Asche. In 63 Tagen eines erbitterten Kampfes kamen rund 200 000 Menschen ums Leben, zum großen Teil Zivilisten, die in Massenhinrichtungen oder durch Bombardements den Tod fanden. Bis heute werfen die Polen der Roten Armee vor, die Vernichtung Warschaus und den Tod seiner Bewohner durch ihr Nichteingreifen mit verschuldet zu haben. Dem Heldenkampf gedenkt das 2004 eröffnete Museum des Warschauer Aufstandes, das modernste Museum Polens, das sich verschiedener multimedialer Mittel bedient (ul. Grzybowska 79, Mo, Mi, Fr 8–18, Do 8–20, Sa, So 10–18 Uhr, www.1944.pl).

Buch-Tipp Andrzej Szczypiorski zeichnet in seinem Buch **Die schöne Frau Seidenman** (1986) ein differenziertes Bild Warschaus während der deutschen Besatzungszeit. Literaturnobelpreisträger Isaac Bashevis Singer beschreibt in **Eine Kindheit in Warschau** aus der Perspektive eines kleinen Jungen das Warschau aus der Zeit vor dem Ersten Weltkrieg – mit seinen Pferdestraßenbahnen, Jiddisch sprechenden Kutschern, »Männern, die Zylinder aufhatten und Damen, die einen Schleier vor dem Gesicht trugen«.

Verehrer von Frédéric Chopin sollten zur **Heilig-Kreuz-Kirche** schräg gegenüber dem Universitätsgelände gehen: Im linken Pfeiler des Hauptschiffes wird das Herz des Komponisten aufbewahrt. Das nahe **Kopernikus-Denkmal** R**,** ebenfalls von Thorvaldsen (1830), steht vor dem **Staszic Palais**, einem klassizistischen Bau aus dem 19. Jh., in dem heute die Polnische Akademie der Wissenschaften ihren Sitz hat.

Etwas weiter befindet sich das **Chopin-Museum** S, wo man mit Hilfe der elektronischen Eintrittskarte englisch- oder polnischsprachige Erläuterungen zum Leben des Komponisten sowie Musik hören kann (Muzeum Fryderyka Chopina, Pałac Ostrogskich, ul. Okólnik 1, Di–So 11–20 Uhr, www.chopin.museum).

Entlang dem Königsweg gelangt man dann ins Zentrum des modernen Warschaus und damit zunächst zum ***Nationalmuseum** T (bis Frühjahr 2012 wegen Renovierung geschlossen). Frühchristliche Fresken aus Faras im Sudan, die polnische Archäologen vor den Wassermassen des Assuan-Staudamms retteten, mittelalterliche Skulpturen sowie Beispiele polnischer Malerei der letzten 200 Jahre bilden die Höhepunkte der Sammlung.

Etwas weiter in südliche Richtung liegt die **Alexanderkirche** U. Der 1818 errichtete klassizistische Bau steht mitten auf einer Verkehrsinsel, die den Namen »Platz der drei Kreuze« (plac Trzech Krzyży) trägt.

**Der Łazienki-Park

Für den weiteren Weg zum Łazienki-Park empfiehlt sich der Bus (Linien 180, 122, 195, zu Fuß ca. 30 Min.). Eklektizistische Bauten säumen die Prachtstraße Aleje Ujazdowskie, an der sich viele Botschaften residieren.

Der seit 1818 öffentlich zugängliche Park ist eine **Insel der Ruhe** im städtischen Trubel. Sein Name geht auf den Badepavillon (polnisch: Łazienki) zurück, der hier bereits im 18. Jh. von einem Großmarschall Lubomirski errichtet wurde. König Stanisław II. August Poniatowski ließ diesen Pavillon von Dominik Merlini zu seiner Sommerresidenz ausbauen und pflegte hier bis zu seiner Abdankung 1795 die heißen Warschauer Sommer zu verbringen. Das **Łazienki-Palais** dient heute als Museum (Di–So 9–16 Uhr).

Echt gut!

Das benachbarte **Theater auf der Insel** von 1790 ist einer antiken Theaterruine nachempfunden. Der Kanal zwischen Bühne und Zuschauertribüne bot die Möglichkeit, Schiffe ins Szenarium einzubinden. Im Park steht noch ein zweites barockes Hoftheater in der **Alten Orangerie.** Illusionsmalerei täuscht hier mit Zuschauern besetzte Logen vor.

Ein Kontrastprogramm zur klassischen Kunst bietet das **Ujazdów-Schloss** (zamek Ujazdowski), das am hohen Weichselufer zwischen der von Gaslaternen beleuchteten Agrykola-Straße und der Durchfahrtsstraße trasa Łazienkowska liegt. Im Schloss präsentiert die künstlerische

Schloss Wilanów

Avantgarde Polens in Wechselausstellungen ihre Werke.

Im oberen Teil des Łazienki-Parks, nah an den Aleje Ujazdowskie, sitzt unter einer Trauerweide **Frédéric Chopin,** der 1810 bei Warschau geboren wurde. Sein Denkmal ist umgeben von einem Rosengarten, der sich im Sommer in einen **Openair-Konzertsaal** verwandelt – bei freiem Eintritt (So 12 und 16 Uhr).

**Schloss Wilanów

Eine längere Fahrt führt per Bus (ca. 30 Min., Nr. 180), Straßenbahn oder Taxi an die südliche Stadtgrenze nach Wilanów. Dort liegt die ehemalige Sommerresidenz von König Jan III. Sobieski, dem Sieger über die Türken bei Wien 1683. Das Schloss gilt vielen als der **schönste profane Barockbau Polens.** Auch der großzügige **Schlosspark** ist äußerst reizvoll. (Schloss: Mai–Sept. Mo, Mi, Sa 9.30–18.30, Di, Do, Fr 9.30 bis 16.30, So 10.30–16.30, sonst tgl. bis 16.30 Uhr, Park tgl. 9 Uhr bis Sonnenuntergang, www.wilanow-palac.art.pl,)

Der Ruf der polnischen Plakatschule verpflichtet fast zu einem Besuch des **Plakatmuseums** (Di bis So 10–16 Uhr) in der ehemaligen Reitschule des Schlosses.

Info

- **Pl. Zamkowy 1/13**
Tel. 0 22/6 35 18 81
www.wcit.waw.pl
- **ul. Krakowskie Przedmieście 39**
(vis-à-vis des Mickiewicz-Denkmals)
www.warsawtour.pl
- Weitere Infostellen am Hauptbahnhof und am Flughafen Okęcie.

Hotels

- **Le Méridien Bristol**
ul. Krakowskie Przedmieście 42/44
Tel. 0 22/5 51 10 00
www.lemeridien-bristol.com
Das eleganteste Hotel Warschaus in einem Jugendstilgebäude in ausgezeichneter Lage. 205 luxuriös ausgestattete Zimmer, Swimmingpool. ●●●
- **Mamaison Hotel Le Regina**
ul. Kościelna 12
Tel. 0 22/5 31 60 00
www.mamaison.com/leregina
In Warschaus Neuer Altstadt verbirgt sich hinter den pastellfarbenen Kolonnaden des Mokrowski-Palasts ein sehr elegantes Hotel. Intimes Schwimmbad, Sauna, idyllischer Innenhof. ●●●
- **Hetman**
ul. Ks. I. Kłopotowskiego 36
Tel. 0 22/5 11 98 00
www.hotelhetman.pl

Neues freundliches Hotel am rechten Weichselufer neben dem Kinokomplex Praga, mit komfortablen Zimmern. ●●

■ **Harenda**

ul. Krakowskie Przedmieście 4/6

Tel. 0 22/8 26 00 71

www.hotelharenda.com.pl

Im historischen Stadtkern, gediegen schlichte Zimmer. ●●

■ **Ibis Nowe Miasto**

Muranowska 2

Tel. 0 22/3 10 10 12

www.ibishotel.com

Modernes Haus unweit der Neustadt, mit eigenem Parkplatz, gutes Preis-Leistungs-Verhältnis. ●●

Restaurants

■ **U Fukiera**

Rynek Starego Miasta 27

Tel. 0 22/8 31 10 13

Ausgezeichnete polnische, jüdische und französische Küche, am Altstadtmarkt. ●●●

■ **U Kucharzy**

ul. Ossolińskich 7

022/8 26 79 36

www.gessler.pl

Apartes Restaurant in einer Seitengasse gegenüber dem Bristol-Hotel. ●●

■ **Qchnia Artystyczna**

ul. Ujazdowskie 6

Tel. 0 22/6 25 76 27

www.qchnia.pl

Schönes Ambiente im Ujazdów-Schloss, große Außenterrasse. Neu interpretierte polnische Küche. ●●

■ **Pod Samsonem**

ul. Freta 3/5

Tel. 0 22/8 31 17 88

www.podsamsonem.pl

Das **beste jüdische Restaurant Warschaus** (keine koschere Küche) und für die Lage an der Barbakane erstaunlich günstig. ●● Echt gut!

■ **Gospoda Kwiaty**

ul. Wąski Dunaj 4-8

Tel. 0 22/8 87 65 20

Urgemütliches Lokal nahe des Altstädtischen Marktes. Bei Kerzenlicht genießt man Spezialitäten der polnischen Küche. ●●

■ **Café Nowy Świat**

Ecke Nowy Świat/Świętokrzyska

Internationale Zeitungen liegen aus und laden in der altmodischen Atmosphäre des Cafés am Königsweg ein, länger zu verweilen.

Ferienwohnungen in Warschau

Eine gute Alternative zu den Hotels bieten die zahlreichen Appartements, die in Warschau vermietet werden. Das Spektrum reicht von exquisiten, teuren Unterkünften bis hin zu kleinen, einfachen Quartieren. Manche davon liegen ganz zentral im Herzen der Altstadt (**Old Town Appartements,** Tel. 0 22/8 87 98 00), Infos unter: www.all-warsaw-apartments.eu

Shopping

Den einzigen Cepelia-Laden, der keine Standardsouvenirs verkauft, finden Sie am Altstädtischen Markt in Warschau (**Dom Sztuki Ludowej,** Rynek Starego Miasta 10): Zu den Abnehmern von Holzschnitzwerken, Glas- und Stoffmalereien, Klöppelspitzen, Gobelins und Trachten zählen sogar ethnografische Museen. Für Kunstliebhaber zu empfehlen: die **Galerie Zapiecek, ul. Zapiecek 1,** Tel. 0 22/8 31 99 18. www. zapiecek.com. Ganz in der Nähe des

Kulturpalastes findet man glitzernde, postmoderne Einkaufszentren.

Nightlife

Cocktails mit tollem Blick serviert die **Panorama Bar** im 40. Stock des **Marriott Hotel, Aleje Jerozolimskie 65/79**. Die Schönen der Nacht treffen sich im **Nightclub Foksal 19, ul. Foksal 19**, in der **Zanzibar, ul. Wierzbowa 9/11**, und gleich daneben im **Szlafrok**. Im **Tygmont, ul. Mazowiecka 6/8**, gibt's Jazz, Soul (Fr) und Latin Music (Sa) vom Feinsten. Traditionelle Studentenclubs mit guter Livemusik sind **Hybrydy, ul. Zlota 7/9**, und **Proxima, ul. Zwirki i Wigury 99a**. Relaxten Kulturgenuss bietet das **Centralny Dom Qultury (CDQ), ul. Burakowska 12**.

Fronleichnamsprozession in Łowicz

Ausflüge

*Płock 2

Das etwa 100 km nordwestlich von Warschau liegende Płock (135 000 Einw.) war die erste Hauptstadt Masowiens. Heute ist es Zentrum der Erdölindustrie und zugleich ein viel besuchtes Touristenziel. Auf dem steilen Weichselufer erstreckt sich der ***Burg-** und **Kathedralkomplex,** dessen Ursprünge im 11. Jh. liegen. Der Innenraum der Kathedrale ist von verschwenderischer Pracht, wenngleich die Arbeiten aus dem 19. Jh. stammen. In der Königskapelle sind die Grabmäler von Władysław I. Herman (1079 bis 1102) und seinem Sohn Bolesław III. Krzywousty, genannt Schiefmund (1102–1138), zu sehen. Einzigartig in Polen ist die **Jugendstilsammlung** (Muzeum Secesji, Di–So 10–17, im Winter bis 15 Uhr), die in der Burg der masowischen Herzöge eingerichtet wurde. Sie umfasst Möbel, Kunsthandwerk und Gemälde. Echt gut!

*Łowicz 3

Die Stadt südwestlich von Warschau ist durch ihre bunte Volkskunst in ganz Polen bekannt. Am besten besucht man die Stadt zu Fronleichnam, wenn die Łowiczer in den **berühmten Prozessionen** stolz ihre traditionellen Trachten tragen. Echt gut! Im volkskundlichen **Museum** bekommt man einen guten Überblick über Brauchtum und Kunsthandwerk der Region: Zu sehen sind u. a. kunstvolle Scherenschnitte, handgewebte Stoffe und natürlich die Trachten (Di bis So 10–16 Uhr).

Vor den Toren von Łowicz liegt ***Arkadia.** Schon der Name des Dorfs weckt Sehnsüchte. Und tatsächlich verdankt der Ort seine Existenz der Sehnsucht einer Frau nach dem sagenumwobenen Arkadien: Helena Radziwiłł ließ sich hier ihr privates Paradies erschaffen. Der **malerische Landschaftsgarten** mit seinen Teichen und Bächlein lädt zum Lustwandeln ein. Ein klassizistischer Diana-Tempel, ein Aquädukt und das Haus des Hohepriesters vermitteln einen Eindruck vom Zeitgeschmack des 18. Jhs. (tgl. 10 Uhr bis Sonnenuntergang).

Echt gut!

3 km weiter kommt man zum Barockpalast von ***Nieborów,** den Tilman van Gameren in den Jahren 1690–1696 schuf. Er gehörte ebenfalls zum Besitz der Radziwiłłs, einer reichen polnisch-litauischen Adelsfamilie, und wird von weitläufigen Gärten umgeben. Der Palast beherbergt eine umfangreiche Sammlung antiker Skulpturen und wertvoller Gemälde (Di–So 10–17, im Winter bis 15 Uhr).

Unterwegs in Polens Mitte

Białystok 4

Die größte Stadt im äußersten Nordosten Polens verdankt ähnlich wie Łódź ihren Aufschwung der Textilindustrie. Hier leben heute Polen und Weißrussen.

Bis zum Holocaust gab es in Białystok auch eine starke jüdische Gemeinde, von der zahlreiche hölzerne Synagogen kündeten. Keine einzige überdauerte die NS-Herrschaft. Im 25 km entfernt gelegenen **Tykocin** 5 hingegen ist eine gemauerte Synagoge aus dem 17. Jh. erhalten geblieben, die heute als Museum dient (tgl. 10–17 Uhr).

Als polnisches Versailles wurde das im Zentrum der Stadt gelegene **Branicki-Palais** bezeichnet, heute Sitz der medizinischen Fakultät der Universität. Im 17. Jh. von Tilman van Gameren errichtet und 1728–1758 von Sigismund Deybel umgebaut, wirkt die dreiflügelige Anlage mit Risalittürmen von der Seite des Ehrenhofs geradezu monumental. Der Garten hinter dem Palast lädt zu einem Spaziergang ein.

Info

ul. Sienkiewicza 3
Tel. 0 85/6 53 79 50

Hotel

Branicki
Zamenhofa 25
Tel. 0 85/6 65 25 00
www.hotelbranicki.com
Stilvoll-plüschiges Hotel mit komfortablen Zimmern, gutem Restaurant und Nachtclub. ●●●

Supraśl 6 und Umgebung

Das wehrhafte orthodoxe Kloster in Supraśl wurde 1503–1511 erbaut. Der wertvollste Teil der Anlage, die Backsteinkirche, ist allerdings eine Rekonstruktion, da sie beim Abzug der Wehrmacht 1944 in die Luft gesprengt wurde. Aus diesem Grund sind auch die verbliebenen farbenreichen Wandfresken in einem benachbarten Museum zu sehen.

Einige Kilometer weiter östlich befinden sich zwei der letzten von Tataren bewohnten Dörfer Polens: **Kruszyniany** 7 und **Bohoniki** 8. Im 17. Jh. siedelte König Johann III. Sobieski hier Muslime an, die auf der Seite Polens in diversen Kriegen mitkämpften. Sie errichteten im 18. und zu Beginn des 19. Jhs. zwei Moscheen aus Holz, die bis heute genutzt werden.

Białowieża 9

Im äußersten Osten Polens und abseits aller Touristenpfade erstreckt sich 90 km südöstlich von Białystok der einzige zusammenhängende Primärwald, der sich im Tiefland Europas erhalten hat. Charakteristisch für diesen **Urwald** (Echt gut!) ist die besonders artenreiche Flora, allein der Mischwald besteht aus 26 Baumarten. Er ist fast 1300 km² groß und wird von der polnisch-weißrussischen Grenze durchschnitten. Knapp 600 km² liegen auf polnischem Gebiet. Den eigentlichen Kern des Nationalparks – das umzäunte Schutzgebiet – aber bilden nur gut 50 km². Der 1921 gegründete Park ist für seine **Wisente** (Echt gut!) berühmt. Auch die rückgezüchteten Tarpane, kleine Wildpferde, haben hier eine Zufluchtsstätte gefunden. Wölfe, Bären, Luchse, Biber, Elche und Schwarzkopfadler vervollständigen die reiche Fauna. Der Park darf nur in Begleitung eines Parkführers betreten werden (Info im Museum)!

Info

Museum des Nationalparks
ul. Park Pałacowy 11][Białowieża
Tel. 0 85/6 81 22 75
www.bialowieza-info.eu

Hotel

Żubrówka
ul. Olgi Gabiec 6
Tel. 0 85/6 81 23 03
www.hotel-zubrowka.pl
Behaglich-rustikales Landhausambiente; Fahrradverleih. ●●●

Łódź (Lodsch) 10

Die lebhafte Universitätsstadt ist keine echte Schönheit und besticht auch nicht durch historische Bauwerke. Dass es dennoch von Jahr zu Jahr mehr Fans in die zweitgrößte Stadt Polens zieht, hat einen anderen Grund: die Dichte an Denkmälern aus der frühen Phase der Industrialisierung. Um den leicht morbiden Charme der lange von der Rezession geplagten Stadt zu erleben, die oft als Kulisse für in der Gründerzeit spielen-

Der jüdische Friedhof von Łódź ist 40 ha groß

de Filme diente, muss man sich allerdings beeilen: Knapp 20 Jahre nach der Wende werden Fabrikgebäude zu Malls, Arbeitersiedlungen zu Lofts und die Paläste der Textilbarone zu schicken Galerien umgestaltet.

Die Achse Lodschs ist die ulica Piotrkowska, eine von Jugendstilhäusern gesäumte Fußgängerzone. Nordwestlich davon befindet sich der Komplex **Manufaktura,** der aus der Textilfabrik von Moritz Poznański hervorging und heute ein multifunktionales Kultur- und Einkaufszentrum ist.

Das **Schloss von Poznański,** um das sich etliche Legenden ranken, beherbergt ein Museum zur Stadtgeschichte. Nicht entgehen lassen sollte man sich auch die Jugendstilvilla des Fabrikanten Kindermann in der ul. Wólczyńska (Wechselausstellungen), den

Echt gut!

größten **jüdischen Friedhof** Europas (ul. Chryzantem) sowie das in einem weiteren Poznański-Palast untergebrachte **Museum für Moderne Kunst** (ul. Więckowskiego 36, Mo geschl.). 1925 gegründet, war es europaweit das erste Museum, das gezielt Gemälde von Chagall, Picasso, Léger und Ernst ankaufte.

Info

ul. Piotrkowska 87
Tel. 0 42/6 38 59 55
www.lodz.pl

Hotel

andel's
ul. Ogrodowa 17
Tel. 0 42/2 79 10 00
www.andelslodz.com
Das Designhotel wurde in einer ehemaligen Ziegelfabrik auf dem Manufaktura-Gelände eingerichtet und kombiniert sensationellen Schick mit sehr komfortablen, modernst ausgestatteten Zimmern und großzügigen Bädern. Toller Dachpool mit Glasdach. ●●●

Giebelhäuser mit barocken Fassaden säumen den Marktplatz von Posen

*Posen (Poznań) 11

Der günstigen Lage an der Bernsteinstraße, einer im Mittelalter viel befahrenen Nord-Süd-Verbindung zwischen der Ostseeküste und dem Mittelmeer, verdankt die Stadt an der Warthe (552 000 Einw.) ihre Bedeutung als Handelsmetropole. Die Tradition als Messestadt geht auf das 15. Jh. zurück, als geschäftstüchtige Patrizier die erste offizielle Handelsmesse abhielten, die selbst im Nahen und Fernen Osten bekannt war. Posen ist ein Austragungsort der EM2012.

Hauptbahnhof und **Messegelände** liegen nur 2 km südwestlich vom historischen Stadtkern. Auf dem Weg dorthin wird man durch das **Denkmal für die Opfer vom Juni 1956** Ⓐ an die jüngste Geschichte Polens erinnert. Gemeint ist ein Aufstand der Arbeiter gegen die kommunistische Herrschaft. Gegenüber dem Denkmal erhebt sich wuchtig der graue Klotz des **Kulturpalastes** Ⓑ, das ehemalige Schloss Wilhelms II. im neoromanischen Stil. Die Schwellenangst vor dem von Hitlers Architekten Albert Speer umgebauten Bau sollte man überwinden, denn fast immer sind hier **interessante Ausstellungen zu ganz unterschiedlichen Themen** zu sehen. Bei einem Bummel entlang der Hauptgeschäftsstraße, der **Święty Marcin,** präsentiert sich Posen dem Besucher als moderne Großstadt.

Echt gut!

Die Altstadt

Kunstfreunde führt der Weg zuerst ins ***Nationalmuseum** (Muzeum Narodowe) Ⓒ. Es beherbergt umfassende Sammlungen aus den Bereichen Völkerkunde, Stadtgeschichte und

Kunsthandwerk; vor allem ist die Gemäldesammlung alter polnischer und westeuropäischer Meister sehenswert, die mit Werken von Ribera, Zurbarán, Bellini, Bronzino u. a. zu den besten in ganz Polen zählt (Di–Do 11–17, Fr 12–21, Sa, So 11–18 Uhr).

Schräg gegenüber auf dem plac Wolności fällt der repräsentative Bau der **Raczyński-Bibliothek** ins Auge; seine prunkvolle klassizistische Fassade untergliedern 24 korinthische Säulen. Am Działyński Palais, einem Bürgerhaus von 1773, das sich in einem eigenartigen Stilgemisch aus Spätbarock und Klassizismus zeigt, betreten wir den ***Alten Markt** Ⓓ. Geschmückt wird der Marktplatz durch das ****Rathaus,** ein Musterbeispiel polnisch-italienischer Profanarchitektur. Es verdankt sein heutiges Aussehen einer Umbaumaßnahme im 16. Jh. und zeigt sich nun im schönsten Renaissancestil. Echter Blickfang ist die reich gegliederte und mit Sgraffiti, d. h. Kratzputz-Ornamenten verzierte Hauptfassade. Eine dreigeschossige Loggia mit Arkadengängen bildet die Schaufassade, die oben mit einer hohen Attika schließt. Aufnahme im Rathaus fand das Historische Museum (Di–Do 11–17, Fr 12–21, Sa, So 11–18 Uhr). Interessanter als die Exponate sind hier die originalen Renaissanceräume, darunter der schöne Große Saal.

In der ulica Gołębia thront die ***Pfarrkirche** Posens (kościół far-

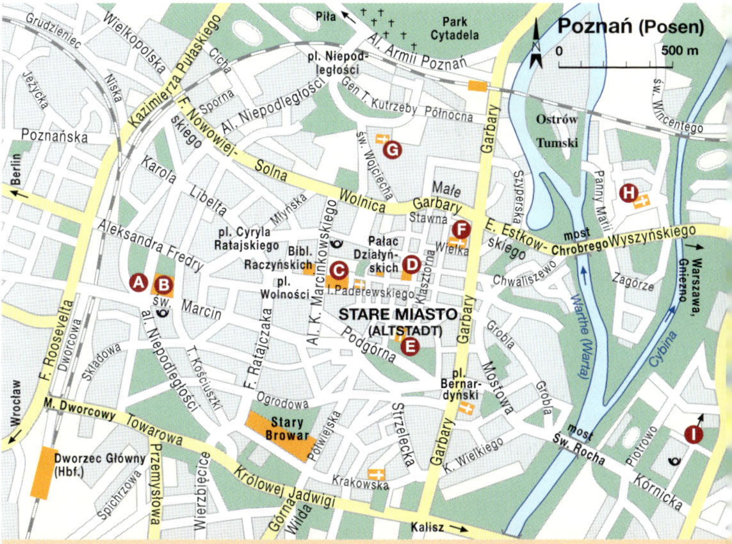

Ⓐ Denkmal (Juni 1956)
Ⓑ Kulturpalast
Ⓒ Nationalmuseum
Ⓓ Alter Markt
Ⓔ Pfarrkirche
Ⓕ Dominikanerkirche
Ⓖ Adalbertkirche
Ⓗ Dom
Ⓘ Malta-See

ny) **E**, von den Jesuiten in der zweiten Hälfte des 17. Jhs. erbaut. Massive Säulen, die gemäß der barocken illusionistischen Manier keine statische Funktion haben, beherrschen den Innenraum.

Von den zahlreichen anderen Kirchen der Stadt sollte zumindest die ehemalige **Dominikanerkirche** **F** in der ul. Dominikańska gewürdigt werden. Trotz der barocken Umbauten besitzt das Gotteshaus ein schönes Backsteinportal aus dem 13. Jh. Es waren die Dominikaner, die das technische Know-how der Backsteinarchitektur aus Italien nach Polen brachten, noch bevor die deutsche Backsteingotik Triumphe in Pommern und im Ordensland Preußen feierte.

Eine äußerlich unscheinbare Kirche lohnt einen längeren Spaziergang: Die auf einem Hügel gelegene Adalbert-Kirche (kościół św. Wojciecha) **G** ist an ihrem Glockenturm aus Holz leicht zu erkennen. In ihr wurden berühmte Persönlichkeiten bestattet, darunter Józef Wybicki (1747–1822), der Schöpfer der polnischen Nationalhymne.

*Dom H

Auf der Dominsel (Ostrów Tumski), einem eigenen Stadtteil, der durch die fortwährende Verschmälerung des Flussarmes seinen Inselcharakter inzwischen verloren hat, drängen sich mehrere historische Bauwerke. Im **Dom** fand der Staatsgründer Mieszko I. seine letzte Ruhestätte. Sein symbolisches Grab sowie das seines Nachfolgers Bolesław I. Chrobry befinden sich in der Goldenen Kapelle, die im 19. Jh. im neobyzantinischen Stil gestaltet wurde. Ohnehin stellt der Dom ein einziges Puzzle von ottonischen, romanischen, gotischen, barocken, Renaissance-, und klassizistischen Stilelementen dar.

Von hier erreicht man rasch den **jez. Maltańskie** **I**, den Malta-See. Ein **Biergarten** sorgt dort für das leibliche Wohl. Echt gut!

Info

Stary Rynek 59
Tel. 0 61/8 52 61 56
www.city.poznan.pl

Hotels

■ **Royal**
ul. Św. Marcin 71
Tel. 0 61/8 58 23 00
www.hotel-royal.com.pl
Schmuck ausgestattetes Gründerzeithaus. Zentrale, aber ziemlich laute Lage zwischen der Altstadt und dem Messezentrum. Parkplätze. ●●●

■ **Brovaria**
Stary Rynek 73-74
Tel. 0 61/8 58 68 68
www.brovaria.pl
2 Bürgerhäuser am historischen Altmarkt mit eigener Mikrobrauerei und Biergarten. 21 individuell eingerichtete komfortable Zimmer, kein Aufzug. ●●●

Restaurants

■ **Hugo**
ul. Wojskowa 4
Tel. 0 61/8 61 82 18
www.hugorestaurant.pl
Feine Küche wie Entenbrust mit Haselnüssen oder Heilbutt-Ravioli. ●●●

Mehrere berühmte polnische Adelsfamilien residierten im Pałac Kórnik

Cocorico
ul. Świętosławska 9
Tel. 0 61/8 52 95 29
In der Nähe der Pfarrkirche. Leichte mediterrane Gerichte, gute Weine; im Sommer Bewirtung im Innenhof. ●●

Shopping

Stary Browar
ul. Półwiejska
www.starybrowar.pl
Die 1844 von dem Württemberger Ambrosius Hugger gegründete Brauerei wurde um das Jahr 2000 von dem Posener Millionär Jan Kulczyk behutsam zum modernen multifunktionellen **Einkaufs- und Kulturzentrum** umgebaut. Hier macht ein Einkaufsbummel Vergnügen – für Abwechslung sorgt ein ergänzendes Kulturangebot, von Musik bis hin zu Kunstausstellungen.

Nightlife

Im Touristenbüro erfragt man die Termine für die Oper, **Teatr Wielki, ul. Fredry 9,** Tel. 0 61/8 52 82 91, **Philharmonie, ul. Św. Marcina 81,** Tel. 0 61/8 52 22 66, die renommierte Ballettbühne **Polski Teatr Tańca, ul. Kozia 4,** Tel. 0 61/8 52 42 41, oder für den **berühmtesten Knabenchor Polens,** die Posener Nachtigallen, Słowiki Poznańskie, Tel. 0 61/8 54 22 66.

Echt gut!

Ausflüge

Kórnik 12

In Kórnik stößt man fast zwangsläufig auf das ***Schloss am See.** Es wurde erst Anfang des 18. Jhs. errichtet und in der ersten Hälfte des 19. Jhs. im Stil der englischen Neogotik unter Beteiligung von Karl Friedrich Schinkel umgestaltet. Das Arboretum lässt britische Gartentradition erkennen, denn die Sammlung exotischer Gehölze verteilt sich über einen großzügigen Park. Die Kunstsammlung umfasst Ritterrüstungen, orientalische Waffen und wertvolles Kunsthandwerk.

Rogalin 13

Rund 13 km westlich von Kórnik liegt das Städtchen Rogalin. Hier ließ sich die Familie Raczyński ebenfalls eine repräsentative ***Adelsresidenz** errichten. Auch dieses Schloss, ein schönes Beispiel klassizistischer Baukunst, mit einer interessanten Uhrensammlung ist für Besucher zugänglich.

Während sich die Herren auf Kórnik vom englischen Gartengeschmack leiten ließen, waren die zu Rogalin auf den französischen Stil eingeschworen. Im schönen Schlosspark stehen drei mächtige Eichen, die mit ihren 800 Jahren zu den ältesten Eichen Europas zählen. Man hat ihnen die Namen der drei slawischen Stammesbrüder Lech, Czech und Rus gegeben.

Bronzetür der Kathedrale von Gniezno

Gniezno (Gnesen) 14

Gnesen war die erste Hauptstadt des Königreichs Polen. Wie eh und je überragt die ****Kathedrale** aus dem 14. Jh. die Stadt. Ihr wertvollster Kunstschatz sind die **romanischen Bronzetüren** (im Westteil des Südschiffes) aus der Zeit um 1170, die vermutlich in Lütticher Werkstätten gegossen wurden. Darauf werden Szenen aus dem Leben des hl. Adalbert, polnisch Wojciech, dargestellt, neben Stanislaus der wichtigste Heilige Polens und Böhmens. Die Gebeine des hl. Adalbert ruhen in einem Sarkophag in der Mitte des Hauptschiffes (Mo–Sa 9–12, 13 bis 18 Uhr).

Echt gut!

Info

ul. Rynek 14
Tel. 0 61/4 28 41 00
www.gniezno.home.pl,
www.turystyka.powiat-gniezno.pl

Hotels

- **Pietrak**
ul. Bolesława Chrobrego 3
Tel. 0 61/4 26 14 97
www.pietrak.pl
Nostalgisches Flair verbindet sich in den Bürgerhäusern aus der Gründerzeit mit modernem Komfort; eigener Parkplatz, drei Restaurants, Sauna u. a. m. ●●–●●●

- **Schlossanlage samt Gestüt**
ul. Gen. Lipskiego 5
Tel. 0 61/4 27 37 03
Naturliebhaber können 14 km südlich von Gniezno in **Czerniejewo** Quartier

beziehen. Im Schloss stehen Unterkünfte unterschiedlichen Standards zur Verfügung, außerdem das Restaurant »Wozownia«. Gutes Preis-Leistungs-Verhältnis. ●●

Restaurant

Gwarna
ul. Mieszka I 16
Tel. 0 61/4 26 16 16
Als Tipp für Regionales: Truthahn mit Aprikosen gefüllt *(indyk faszerowany morelami).* ●●

Biskupin 15

Zwischen Gniezno und Bydgoszcz liegt Biskupin, berühmt für seine bis ins 6. Jh. v. Chr. datierten archäologischen Funde. Angehörige eines untergegangenen Kulturkreises, der sog. Lausitzer Kultur, hatten sich in der Eisenzeit auf einer Habinsel des Biskupin-Sees eine ***Wehrburg** errichtet. Inzwischen wurde die Ansiedlung zum Teil rekonstruiert und ist zu besichtigen (Mai–Sept. tägl. 9–18 Uhr, www.biskupin.pl).

Bydgoszcz (Bromberg) 16

Durch Kasimir den Großen 1346 gegründet, verdankt die Stadt ihren wirtschaftlichen Aufschwung in erster Linie dem Bromberger Kanal, der die Weichsel mit der Netze (Noteć) und somit mit der Oder verbindet. Im Zweiten Weltkrieg erlangte das ehemalige Bromberg durch einen Pogrom an deutschen Zivilisten und eine anschließenden Racheaktion des NS-Regimes traurige Berühmtheit.

Heute zieht die wohlhabende Industriestadt (356 000 Einw.) vor allem Geschäftsleute an. Doch auch immer mehr Touristen entdecken Bydgoszcz, das durchaus pittoreske Ecken besitzt, so etwa im Hafen an der Brahe (Brda), wo dank Fachwerkspeicher und einem malerischen Ensemble von Häusern ein kleines **Bromberger Venedig** entstanden ist. Echt gut!

Sehenswert ist hier auch das **Historische Museum** (Muzeum Okręgowe, ul. Gdańska 4, Di–Fr 9–17, Sa u. So 11–18, im Winter bis 16 Uhr), das eine Sammlung von Werken eines der wichtigsten aus der Region stammenden polnischen Impressionisten besitzt: Leon Wyczółkowski (1852–1936).

Der Spaziergang über die ul. Gdańska führt an mehreren schmucken **Gründerzeithäusern** vorbei. Einige davon sind mittlerweile sehr gekonnt zu empfehlenswerten Hotels umgewandelt worden.

Info

ul. Grodzka 7
Tel. 0 52/5 85 87 02

Hotel

Pod Orłem (Zum Adler)
ul. Gdańska 14
Tel. 0 52/5 83 05 30
www.hotelpodorlem.pl
In einem komplett sanierten, pompösen Bau von 1896 befindet sich heute ein angenehmes Hotel mit 70 komfortablen Zimmern und Suiten. ●●●

Kopernikus-Denkmal in Thorn

7 ***Toruń (Thorn) 17

Echt gut!

Die Stadt (206 000 Einw.) präsentiert sich als ein in Europa **einzigartiges Ensemble gotischer Architektur,** das zum UNESCO-Weltkulturerbe zählt. 1233 gründete der Deutsche Orden am Weichselufer eine Burg als Basis für seine Eroberungszüge gegen die Prußen. Thorn war zeitweise Mitglied der Hanse. Die weltoffenen Kaufleute strebten nach mehr Selbstständigkeit und gerieten bald in Konflikt mit der autoritären Herrschaft der Burgherren. 1454 stürmten die Bürger die Deutschordensburg und rissen sie bis auf die Grundmauern nieder. Thorn unterstellte sich der Herrschaft des polnischen Königs. Zwischen 1792 und 1807 und zwischen 1815 und 1920 gehörte die Stadt zu Preußen bzw. Deutschland und wurde zu einer der wichtigsten östlichen Festungs- und Garnisonsstädte des Landes.

**Die Altstadt

Die Baudenkmäler der Altstadt konzentrieren sich auf engstem Raum. Den alten Marktplatz beherrscht das ausgezeichnet erhaltene ***Rathaus.** Der gewaltige Backsteinbau stammt ursprünglich aus dem 13. Jh. und wurde später zu der heutigen Vierflügelanlage umgebaut. Er beherbergt nun ein Kreismuseum (Di–So 10–16 Uhr).

Vor dem Rathaus erinnert ein Denkmal an Nikolaus Kopernikus (1473–1543), den berühmtesten Sohn der Stadt. Das **Kopernikus-Museum** (ul. Kopernika 17) wurde in seinem vermeintlichen Geburtshaus eingerichtet. Eine umfangreiche Sammlung stellt den Astronomen und sein Werk vor, darunter die Originalausgabe von »De revolutionibus orbium Coelestium«. Damit widerlegte Kopernikus die von der Kirche vertretene Lehre von der Erde als Mittelpunkt des Alls.

An der Ostseite des Marktes ist in einem Patrizierhaus von 1697, dem »Haus unter dem Stern« (Dom pod Gwiazdą), die **Fernöstliche Sammlung des Kreismuseums** untergebracht.

Nach ein paar Schritten zum Weichselufer hin steht man vor dem massiven Turm der ***Johan-**

Karte Seite 78

neskirche aus dem 14. Jh., deren drei charakteristische Dächer nicht zu übersehen sind. Im Altstadtviertel erwarten den Besucher außerdem zwei ganz unterschiedliche Gotteshäuser: die barocke **Heilig-Geist-Kirche** mit ihrem 64 m hohen Turm und die gotische ***Marienkirche.** Wie es den Regeln eines Bettelordens entspricht, hat die von den Franziskanern erbaute Kirche keinen Turm.

Freilichtmuseum

Sehenswert ist auch das **Muzeum Etnograficzne** auf dem Gelände neben dem alten Zeughaus. Das Freilichtmuseum umfasst Bauernhöfe und gewerbliche Bauten wie Mühle und Schmiede der Region Kulmerland, Kujawien und Tucheler Heide (ul. Wały Sikorskiego 19, Tel. 0 56/6 22 80 91, www.etnomuzeum.pl).

Info

Rynek Staromiejski 25
Tel. 0 56/6 21 09 31
www.it.torun.pl

Hotels

- **Petite Fleur**
ul. Piekary 25
Tel. 0 56/6 21 51 00
www.petitefleur.pl
Geschmackvoll restauriertes Bürgerhaus aus dem 18. Jh., feine polnisch-französische Küche. ●●●
- **Spichrz**
ul. Mostowa 1
Tel. 0 56/6 57 11 40][www.spichrz.pl
2005 eröffnetes, modernes Haus in der Altstadt, bewachter Parkplatz. ●●●

Thorner Kathrinchen

Restaurants

- **Staropolska**
ul. Żeglarska 10/14
Tel. 0 56/6 22 60 60
Deftige polnische Küche; im Staropolski-Hotel, nahe der Johanneskirche. ●
- **Staromiejska**
ul. Szczytna 2/4
Tel. 0 56/6 22 67 25
Italienische Küche, sehr leckere Pizzas aus dem Holzofen. ●

Nightlife

Etliche Kneipen sorgen für abendliche Unterhaltung: z.B. **Pod Aniołem im Keller des Rathauses; Nietoperz** (»Fledermaus«), **ul. Kopernika.**

Thorner Kathrinchen

Echt gut!

Eine **kulinarische Spezialität** sind die Thorner Lebkuchen. Scharf gewürzt und in kunstvollen Formen gebacken, werden sie hier seit 1640 hergestellt. Besonders schöne Exemplare bekommt man in einem Laden auf der ulica Żeglarska zwischen dem Markt und der Johanneskirche (› links).

Schlesien

Nicht verpassen!

- Von einem Café am Breslauer Ring aus das bunte Treiben um das mittelalterliche Rathaus beobachten
- Die grandiose Jahrhunderthalle in Breslau bei einer Opernaufführung auf sich wirken lassen
- Wanderung auf die Schneekoppe mit ultimativem Panoramablick auf das Sudetenvorland
- Die prachtvolle Schweidnitzer Friedenskirche
- Den Fürstensaal im Kloster Lubiąż (Leubus)

Zur Orientierung

Schlesien erstreckt sich 400 km von Südosten nach Nordwesten rechts und links der Oder. Die Bergkämme der Sudeten an der Südflanke zu Böhmen bilden nach Süden hin eine natürliche Grenze. Diese ausgesprochen reiche europäische Kulturlandschaft blickt auf eine turbulente Geschichte zurück. Im Mittelalter zählte sie zum polnischen Piastenstaat, ab dem 14. Jh. zum böhmischen Königreich, dann war sie in den Händen der Wiener Habsburger, bis Schlesien 1740 von Friedrich dem Großen für Preußen erobert wurde. Schlesien ist ab 1921 teilweise und seit 1945 de facto ganz polnisch geworden, wobei in Niederschlesien ein vollständiger Bevölkerungstausch stattfand.

Mittelpunkt der Region ist die alte schlesische Metropole Breslau. Trotz der Narben, die die dreimonatige Belagerung der »Festung Breslau« 1945 hinterlassen hatte, zeigen sich die wichtigsten Denkmäler der Stadt in neuer Schönheit. Zwei Tage sollte man für die Besichtigung unbedingt einplanen.

In Schlesien erwarten den Reisenden wundervolle Landschaften, historische Kurorte und schöne Wanderwege. Außerdem gibt es zwischen Kattowitz und Görlitz einige Kunstschätze von Weltrang: Brzeg (Brieg) › S. 112, Świdnica (Schweidnitz) › S. 112, und Lubiąż (Leubus) › S. 106. Wer sich für Natur und Kultur interessiert, der sollte für die Erkundung Schlesiens mindestens sieben Tage veranschlagen, wobei ein Aufstieg auf die Schneekoppe oder eine längere Wanderung durch das Riesengebirge auf keinen Fall fehlen dürfen.

Weltberühmt: das Breslauer Rathaus

Touren in der Region

Zu den Prachtbauten der Habsburger

(11) Breslau › Trzebnica › Lubiąż › Legnica › Legnickie Pole › Breslau

Dauer: 1 Tag, 180 km

Praktische Hinweise: Im Sommer sollte die Unterkunft in Breslau lange im Voraus gebucht werden. Den Schlüssel für die Benediktinerkirche in Legnickie Pole erhält man im Museum der Mongolenschlacht in der benachbarten gotischen Kirche. Fahrtzeit Legnickie Pole–Breslau: 1 Std. auf der Autobahn.

Diese Tagestour führt vorbei an den faszinierendsten Denkmälern Niederschlesiens. In **Trzebnica** › S. 112, 20 km nördlich von ***Breslau** (Wrocław) › S. 108,

Karte Seite 106

gründete Hedwig (poln. Jadwiga), Gattin des schlesisch-polnischen Herzogs Heinrich I. des Bärtigen, 1202 das erste Zisterzienserinnenkloster Schlesiens. 1267 wurde sie heiliggesprochen und zur Patronin Schlesiens erklärt.

Echt gut!

Die Strecke führt über das sog. Katzengebirge (Wzgórza Trzebnickie) an Wołów vorbei nach **Lubiąż** (Leubus), zum **berühmten Zisterzienserkloster.** Wenn man die über 100 m lange Klosterfassade vor sich sieht, ist man von den Dimensionen der Anlage schier überwältigt. Ihren Höhepunkt bildet der Fürstensaal, ein Gesamtkunstwerk aus Malerei, Skulptur und Stuck (1735–1737). Nach 30 km erreicht man **Legnica** (Liegnitz), eine alte Herzogsresidenz mit schönem Schloss. Die Benediktinerkirche in **Legnickie Pole** (Wahlstatt) gilt als die Barockkirche Schlesiens schlechthin. Auf einem Fresko über der Orgelempore erblickt man Herzog Heinrich II. den Frommen. Sein Leichnam liegt auf dem Schlachtfeld, der Kopf ist abgetrennt und seine Mutter erkennt ihn nur an den sechs Zehen. Die Fresken, die kein Geringerer als der Münchner Cosmas Damian Asam schuf, stellen die berühmte Mongolenschlacht von 1241 dar.

11 **Zu den Prachtbauten der Habsburger** **Breslau › Trzebnica › Lubiąż › Legnica › Legnickie Pole › Breslau**

Wandern im Riesengebirge

12 Karpacz Górny › Kleine Koppe › Schneekoppe › Vang-Kirche › Karpacz Górny

Dauer: 6–7 Std.

Praktische Hinweise: Der Weg ist ohne größere Schwierigkeiten für jedermann begehbar. Etwas beschwerlich ist nur der etwa halbstündige Abschnitt des Wanderweges zum Kleinen Teich. Bei schlechtem Wetter ist der Lift (bei Tagestour zu empfehlen) außer Betrieb, sodass man den rot markierten Wanderweg von ganz unten nehmen und etwa 2 Std. mehr einplanen sollte. Wer zwei Tage wandern möchte, kann in den Bauden (Bergherbergen, poln. *schronisko*) übernachten. Die Bauden »Dom Śląski«, »Strzecha Akademicka« und »Samotnia« sorgen für das leibliche Wohl unterwegs. Aufgrund des Schengen-Abkommens Grenzübertritt auf der Schneekoppe möglich.

Der abwechslungsreiche Wanderweg im polnischen Teil des Riesengebirges bietet grandiose Naturerlebnisse. Als Ausgangspunkt empfiehlt sich **Karpacz Górny,** wo um 8.30 Uhr der Sessellift in Betrieb geht. Nach 20 Min. erreicht man die **Kleine Koppe** (Mała Kopa, 1375 m), in weiteren 20 Min. Fußmarsch die Baude »Dom Śląski« (Schlesierhaus) an der tschechisch-polnischen Gren-

12 **Wandern im Riesengebirge** **Karpacz Górny › Kleine Koppe › Schneekoppe › Vang-Kirche › Karpacz Górny**

Karte Seite 107

ze. Dort beginnt der steile 45-minütige Aufstieg auf die **Schneekoppe** (Śnieżka, 1602 m). Vom Gipfel aus, wo eine meteorologische Station und eine Holzkapelle aus dem 17. Jh. stehen und wo die Staatsgrenze zwischen Polen und Tschechien verläuft, bietet sich ein **herrlicher Rundumblick.** Nach einer ausgiebigen Pause geht es denselben Weg bis zur Baude hinunter, eine Weile entlang des Bergkammes. Der blau markierte Weg führt zur nächsten Baude (Strzecha Akademicka bzw. Hampelbaude). Von dort aus ist man in 20 Min. am Kleinen Teich, wo eine kleine familiäre Baude (Samotnia bzw. Kleine Teichbaude) zur Einkehr lädt. Der folgende zweistündige blau markierte Abstieg führt bis zur ***Vang-Kirche,** einer mit Drachenköpfen und geheimnisvollen Schnitzereien verzierten Stabholzkirche aus dem südnorwegischen Dorf Vang. Im 19. Jh. verkaufte die Gemeinde das aus dem 13. Jh. stammende Gotteshaus, da es zu klein geworden war. Auf verschlungenen Wegen kam die demontierte Kirche nach Brückenberg und wurde hier wieder aufgebaut. Von dem Kirchlein sind es noch knappe 10 Min. bis zur Hauptstraße in Karpacz Górny.

Echt gut!

Unterwegs in Schlesien

8 *Breslau (Wrocław) 1

Der günstigen Lage an der Oder verdankt die Stadt (632 000 Einw.), die mehrmals die Staatszugehörigkeit wechselte und seit dem Zweiten Weltkrieg wieder zu Polen gehört, ihre Entwicklung. Die meisten der im Krieg zerstörten historischen Bauten wurden rekonstruiert, die Sehenswürdigkeiten liegen alle im und um den historischen Stadtkern. Breslau ist Austragungsort der EM2012.

Altstadt

Das Leben der Stadt konzentriert sich schon seit eh und je auf dem Hauptplatz der mittelalterlichen Stadt, auf dem Breslauer Ring (Rynek Staromiejski). Umsäumt von Patrizierhäusern, deren schönste und besterhaltene auf der Westseite stehen, ist es eine von Dutzenden von Cafés und Restaurants beherrschte Flaniermeile. In der Mitte thront das ****Rathaus** A (Mi–Sa 10 bis 17 Uhr), das nach der teilweisen Zerstörung von 1945 heute wieder im alten Glanz erstrahlt. Es beherrscht mit seiner kunstvollen Blendmaßwerkfassade den Markt und gilt zu Recht als einer der bedeutendsten gotischen Profanbauten Mitteleuropas. Die restaurierten Rathaussäle mit Intarsienvertäfelung,Renaissance-

Karte Seite 109

malereien und prächtigen Gewölben können besichtigt werden. Der im Rathaus angeblich schon im 15. Jh. eingerichtete **Bierkeller Piwnica Świdnicka** (●●) versammelt durstige Breslauer und Touristen an Theke und Tischen.

Echt gut!

Nicht weit entfernt sieht man den roten Backsteinbau der **Maria-Magdalenen-Kirche** Ⓑ aus dem 14. Jh. Besonderes Augenmerk verdient ein in die südliche Außenwand eingelassenes romanisches Portal aus dem 12. Jh., das aus einer im 16. Jh. abgerissenen ehemaligen Benediktinerkirche stammt. Über dem Marktplatz erhebt sich der Turm der gotischen **Elisabethkirche** Ⓒ; wer Kondition hat, kann auf einer Wendeltreppe hinaufsteigen, um die Aussicht zu genießen.

Im Norden der Altstadt, also schon am Oderufer, liegen die Gebäude der ***Universität** Ⓓ. Das Hauptgebäude, das Collegium Maximum, wurde 1728 bis 1741 erbaut. Die Leopoldina-Aula im Innern ist zweifellos einer der schönsten Barocksäle Polens.

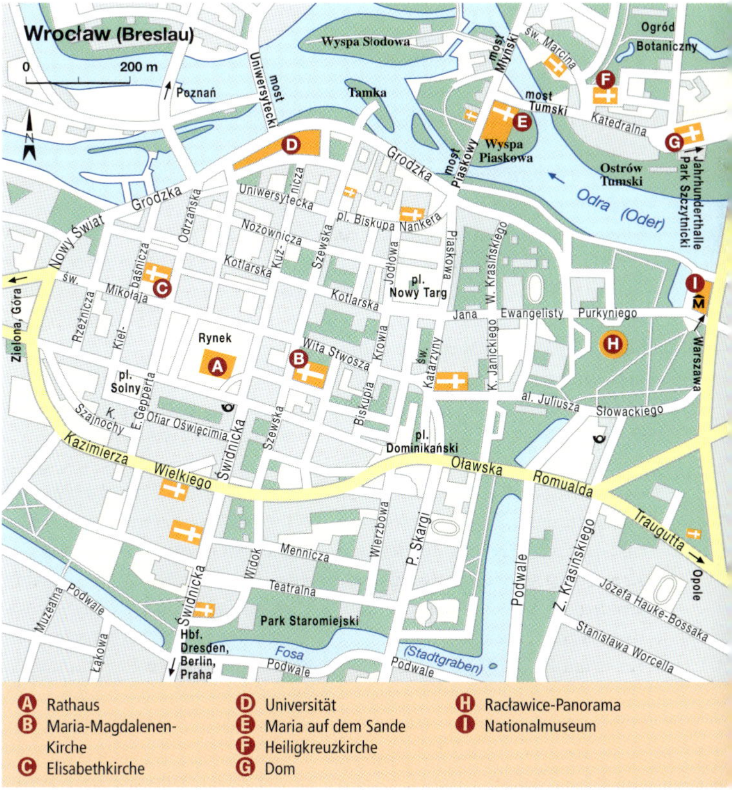

Ⓐ Rathaus
Ⓑ Maria-Magdalenen-Kirche
Ⓒ Elisabethkirche
Ⓓ Universität
Ⓔ Maria auf dem Sande
Ⓕ Heiligkreuzkirche
Ⓖ Dom
Ⓗ Racławice-Panorama
Ⓘ Nationalmuseum

Der Breslauer Ring (Rynek) ist das Herz der Stadt

Sand- und Dominsel

Nun geht es über die Oderbrücke auf die Sandinsel (Piasek). Hier erhebt sich die gotische Hallenkirche ***Maria auf dem Sande** (kościół NM Panny na Piasku) **E**. Über eine kleine Brücke führt der Weg hinüber zur Dominsel (Ostrów Tumski), die nach der Aufschüttung eines Oderarmes heute im eigentlichen Sinne keine Insel mehr ist. Man gelangt aber zunächst nicht zum Dom selbst, sondern zur **Heiligkreuzkirche** **F**. Kurioserweise beherbergt das elegante gotische Bauwerk gleich zwei Kirchen. Im unteren Geschoss – das einer großen Krypta gleicht – befindet sich die Bartholomäus-Kirche, darüber die Kreuzkirche.

Vorbei an der Erzbischöflichen Residenz aus dem 18. Jh. gelangt man schließlich zum ***Dom** **G**, dem imposantesten Bauwerk der Insel. Der gewaltige Sakralbau, mit dessen Bau schon im 13. Jh. begonnen wurde, überragt mit seinen zwei spitzen Türmen die gesamte Umgebung. Interessant sind die drei Kapellen des Chorumgangs: die südliche Elisabeth-Kapelle als Beispiel italienischen Hochbarocks, die gotische Marienkapelle sowie die ovale Kurfürstenkapelle als Beispiel für den habsburgischen Barock. Sein Schöpfer war kein Geringerer als Fischer von Erlach, der Architekt der Wiener Karlskirche.

Östlich der Altstadt

Nicht weit entfernt von der Altstadt liegt ein äußerlich wenig dekorativer Rundbau aus jüngerer Zeit, der ein Touristenmagnet ist. Hier befindet sich das ***Racławice-Panorama** **H** mit den immensen Ausmaßen von 150 m Länge und 15 m Höhe. Derartige Gemälde, die in einem runden Gebäude aufgespannt wurden und somit

Dreidimensionalität vortäuschten, waren im 19. Jh. eine beliebte Volksbelustigung, bis sie vom Kino verdrängt wurden. Im gegebenen Fall können Sie die siegreiche Schlacht von 1794 gegen die Russen bewundern, die 100 Jahre später in Lemberg auf die Leinwand gebannt wurde (Di–So 9–17, Winter bis 16 Uhr).

Das benachbarte ***Nationalmuseum** (Muzeum Narodowe) ❶ bietet einen guten Überblick über die mittelalterliche Kunst der Region. Hier gibt es auch die größte Sammlung von Bildern des bedeutendsten Barockmalers Schlesiens, Michael Willmann, gen. »schlesischer Rembrandt«. Eine weitere Abteilung zeigt eine repräsentative Auswahl der polnischen Malerei seit dem 19. Jh. bis heute (Mi–Fr, So 10–17, Sa bis 18 Uhr, www.mnwr.art.pl).

Mit der Straßenbahn oder dem Taxi kommt man zum **Park Szczytnicki** (Scheitniger Park). Vis-à-vis des Zoos liegt ein markantes Gebäude aus rohen Betonblöcken, das im ersten Moment wie eine überdimensionale Kuchenform aussieht. Es handelt sich um die berühmte ****Jahrhunderthalle** (heute Volkshalle/ Hala Stulecia), ein multifunktioneller Kuppelbau, 1913 vom Stadtbaurat Max Berg zum 100. Jubiläum der Befreiungskriege gegen Napoleon errichtet. Bis in die neueste Zeit war diese gewaltige Konstruktion die größte Kuppel der Welt, gefolgt vom Pantheon in Rom. Seit 2007 steht der vor allem im Innenraum beeindruckende Bau auf der Liste des UNESCO-Weltkulturerbes (tgl. 9–16 Uhr).

Echt gut!

Info

Rynek 14
Tel. 0 71/7 77 77 77
www.wroclaw.pl

Hotels

■ **Qubus (Maria Magdalena)**
ul. św. Marii Magdaleny 2
Tel. 071/7 97 98 00
www.qubushotel.com
Das Vier-Sterne-Hotel am Marktplatz verwöhnt seine Gäste mit Komfort und geschmackvoll gewähltem Interieur nach dem Motto »weniger ist mehr«. Weitere Pluspunkte: Pool, gutes Restaurant, eigener Parkplatz. ●●●

■ **Art Hotel**
ul. Kiełbaśnicza 20
Tel. 071/ 7 87 71 00
www.de.arthotel.pl
Zauberhaft gelegenes Altstadthotel mit 79 liebevoll eingerichteten Zimmern, Fitnessraum und hoteleigener Garage. ●●

Restaurant

Karczma Lwowska
Rynek 4
Tel. 0 71/3 43 98 87
www.lwowska.com.pl
Ukrainische Leckerereien aus dem alten Lemberg. ●●

Nightlife

Das coole **Paparazzi, ul. Rzeźnicza**, gilt beste Cocktail-Bar der Stadt, die **Spiż Brewery** zapft gute Biere. Studenten treffen sich in den Innenhof-Bars rund um die ul. Ruska, z.B. im **Niebo, Pasaz Niepolda**. Wirklich exklusiv ist der **Bed Club, Rynek 60**.

Ausflüge

Trzebnica (Trebnitz) 2

Im 20 km nördlich von Breslau gelegenen Trzebnica gründete die Patronin Schlesiens, die hl. Hedwig › S. 106, 1202 ein Zisterzienserinnenkloster, in dem sie selbst als Ordensfrau lebte. Beim Rundgang durch die Hedwiggrabkapelle von 1269, der erste gotische Bau auf polnischem Gebiet, sieht man das Grabmal der Heiligen rechts vom Chor. Es lohnt auch der Blick in die Krypta sowie auf ein wunderschönes **romanisches Portal** (links beim Eingang in einer Mauernische), auf dem der Harfe spielende König David mit seiner Frau Bathseba und einer Dienerin dargestellt sind.

Echt gut!

Barocke Kanzel in Świdnica

*Świdnica 3 und *Jawor 4

Knapp 90 km südwestlich von Breslau versetzen zwei Baudenkmäler jeden Besucher in Staunen: die protestantischen Dreifaltigkeitskirchen, genannt ***Friedenskirchen** (Kościoły Pokoju) aus dem 17. Jh. in Świdnica (Schweidnitz) und Jawor (Jauer). Besonders beeindruckt der Kontrast zwischen dem bescheidenen Fachwerk außen und der Pracht im Innern. Nach einem Erlass der katholischen Habsburger Monarchie durften beim Bau protestantischer Kirchen nur Holz, Lehm, Sand und Stroh verwendet werden. Dies galt aber nicht für die Innenräume: Altar, Kanzel und Orgel erstrahlen in Gold, barocke Malereien schmücken Emporen und Deckengewölbe.

Echt gut!

Beide Kirchen zählen zum UNESCO-Weltkulturerbe. Die Kirche von Jawor ist etwas kleiner, da sie kein Querhaus besitzt, aber besonders schön (beide liegen außerhalb des Stadtzentrums; April bis Okt. Mo–Sa 10–17, So 12 bis 17 Uhr, sonst nach Voranmeldung, Tel. 0 74/8 52 28 14).

Brzeg (Brieg) 5

Bedeutung erlangte das ursprüngliche Fischerdorf dadurch, dass hier seit dem 15. Jh. eine Nebenlinie der Piasten regierte. Einer von ihnen, Georg II., auch Herr über Liegnitz und Wohlau (Legnica und Wołów), engagierte italienische Baumeister, die 1544 bis 1570 das **Herzogschloss** errichteten. Der Bau ist das Renaissancedenkmal Schlesiens schlechthin und wurde vermutlich dem Wawel-Schloss in Krakau nachempfunden. Als Baumeister wirkten die Norditaliener Jakob und Franz Pahr, die später das Güstrower Schloss errichteten.

Echt gut!

Das **prächtige Eingangstor** zeigt in einer Art Stammbaum übereinander angeordnet die Könige und Herzöge der Piasten-Dynastie Polens und Schlesiens. Der Arkadenhof wurde von Friedrich II. nach der Molwitzschlacht 1741 in Schutt und Asche gelegt, jedoch 1968–1976 unter enormem Aufwand rekonstruiert. Das Schlossmuseum besitzt viele Stücke, die an die Piasten erinnern, u. a. einige prunkvoll gestaltete Särge (Di bis So 10–16, Mi bis 17 Uhr).

Opole (Oppeln) 6

Historisch zu Oberschlesien gehörig, war Opole (126 000 Einw.) seit dem frühen Mittelalter ein wichtiger Herzogssitz. Heute ist es Zentrum einer eigenständigen Wojewodschaft, die man als Oppelner Schlesien (Śląsk Opolski) bezeichnet.

Die Stadtmitte bildet der von schmucken Patrizierhäusern umgebene Marktplatz. Eine kleine Überraschung bietet das **Rathaus,** auch hier fühlt man sich an Italien erinnert. Und tatsächlich ist der Bau eine aus den 1930er-Jahren stammende Nachbildung des Palazzo Vecchio in Florenz. Keinen Etikettenschwindel betreiben die Sakralbauten der Stadt. Die **Ka-**

Der Annaberg – der deutsch-polnische Schicksalsberg

Viele gebürtige Schlesier zieht es während ihres Polenbesuchs zum Annaberg (Góra Świętej Anny), 30 km südlich von Opole. Sowohl für Polen als auch für Deutsche wurde der Annaberg zum Symbol des jeweiligen Anspruchs auf Schlesien. Nachdem bei der Volksabstimmung über den Verbleib Oberschlesiens im Deutschen Reich am 20. März 1921 60 % der Stimmberechtigten für Deutschland votiert hatten, erhoben sich am 2. Mai polnische Oberschlesier und besetzten den Annaberg. Deutschen Selbstschutzverbänden unter General Karl Hoefer gelang es nach einer blutigen Schlacht am 21. Mai, die Anhöhe einzunehmen.

Das im Jahre 1934 errichtete deutsche Denkmal wurde nach dem Zweiten Weltkrieg von den Polen gesprengt, um an seiner Stelle ein entsprechendes polnisches Mahnmal aufzustellen. Das zur selben Zeit erbaute Amphitheater behielt auch unter polnischer kommunistischer Herrschaft seine Funktion als Ort nationalistischer Propagandaveranstaltungen.

Der Annaberg ist seit Generationen auch das Ziel von zahlreichen Wallfahrern, die zu dem 1656 gegründeten Franziskanerkloster Sankt Anna (klasztor Świętej Anny) ziehen. Aus 400 m Höhe schweift der Blick über das weitläufige Odertal. Die Landschaft ist allerdings alles andere als malerisch: Kokereien und Chemiewerke haben der einst so unberührten Natur zugesetzt.

Vom Schlesierhaus (1400 m) führt ein Zickzackweg auf die Schneekoppe

thedrale geht auf das 15. Jh. zurück. Auch das **Franziskanerkloster** mit der Dreifaltigkeitskirche ist originalgetreu erhalten und stammt aus der Mitte des 14. Jhs.

Das **Oppelner Dorfmuseum** (skansen) liegt außerhalb der Stadt in **Bierkowice.** Die historischen bäuerlichen Holzbauten, darunter zehn Gehöfte und eine Kirche aus Gręboszów (1613), die wieder aufgebaut worden sind, dokumentieren recht anschaulich die ländliche Bauweise rund um Oppeln, Nysa (Neisse) und Olesno (Rosenberg). (Muzeum Wsi Opolskiej, ul. Wrocławska 174, Tel. 0 77/4 57 23 49, www.mu zeumwsiopolskiej.pl, April–Okt. Mo 10–15, Di–So 10–18, sonst tgl. bis 15 Uhr).

Info

ul. Krakowska 15
Tel. 0 77/4 51 19 87
www.opole.pl

Hotel

Mercure Opole
ul. Krakowska 57/59
Tel. 0 77/4 51 81 00
www.orbis.pl
Drei-Sterne-Hotel nahe am Bahnhof; 103 gut ausgestattete Zimmer, Wochenendrabatte. ●●●

9 **Riesengebirge

Mit seinen 1602 m ist die Schneekoppe der höchste Berg im Riesengebirge (Karkonosze), dessen schönste Abschnitte zum **Nationalpark** erklärt wurden. Hier verläuft die Grenze zu Tschechien, die heute an mehreren Stellen passiert werden darf. Außer Jelenia Góra eignen sich zwei weitere Dörfer als Standorte: **Karpacz** sowie **Szklarska Poręba**, beides beliebte Urlaubsziele sowohl im Sommer als auch im Winter (Skigebiet).

Karte Seite 106

Jelenia Góra (Hirschberg) 7

Die Stadt wurde im Hirschberger Talkessel angelegt. Iser-, Riesen-, Katzbachgebirge sowie der Landshuter Kamm (góry Izerskie, Karkonosze, góry Kaczawskie, Rudawy Janowickie) umschließen die Stadt. Der Ort selbst besitzt einen pittoresken Marktplatz mit einem Rathaus aus dem 18. Jh. sowie eine sog. Gnadenkirche im Westteil der Stadt, die 1709–1718 nach dem Vorbild der Katharinenkirche in Stockholm errichtet wurde. Ein zweites Zentrum bildet der eingemeindete Kurort **Cieplice Śląskie Zdrój** (Bad Warmbrunn) mit seinen heißen, schwefelhaltigen Quellen. Goethe unternahm von hier aus Ausflüge zur Schneekoppe.

Info

ul. Bankowa 27
Tel. 0 75/7 67 69 25
www.jeleniagora.pl

Hotels

■ **Pałac Staniszów**
Staniszów 100
Tel. 0 75/7 55 84 45
www.palacstaniszow.pl
Am Fuß des Riesengebirges gelegen, verheißt das alte Schloss der Familie Reuß, von wo übrigens der Likör Stonsdorfer stammt, Erholung. Rustikales Ambiente, schöne Zimmer. ●●●

■ **Vivaldi,** Karpacz
ul. Olimpijska 4
Tel. 0 75/7 61 99 33
www.vivaldi.pl
Freundliches Hotel in einer alten Villa, in der Nähe des Sessellifts auf die Kleine Koppe; kleines Schwimmbecken. ●●

Wałbrzych (Waldenburg) 8

Inmitten von Abraumhalden und Hüttenwerken liegt Wałbrzych (125 000 Einw.), eine unattraktive Industriestadt. Lohnendes Ausflugsziel ist jedoch die am nördlichen Stadtrand gelegene ***Burg Fürstenstein** (zamek Książ), **die größte Burg Schlesiens.** Sie wurde Mitte des 16. Jhs. an der Stelle einer älteren Anlage aus dem 13. Jh. errichtet und im 19. Jh. umgebaut. Ab 1941 begannen die Nationalsozialisten, die Burg zu einem ihrer Führerhauptquartiere umzubauen; es wurde aber nie bezogen (April– Sept. Mo–Fr 10 bis 17, Sa, So 10–18, sonst Mo–Fr 10–15, Sa, So 10–16 Uhr).

Echt gut!

Ausflug nach Krzeszów 9

Ein anderer Touristenmagnet liegt ca. 30 km von Wałbrzych entfernt: das spätbarocke, im 13. Jh. gegründete ****Kloster Grüssau** in Krzeszów. Beherrschend ist die eindrucksvolle Zweiturmfassade der Marienkirche. Von außen kann man den reichen Schatz der Josephskirche, die ganz in der Nähe liegt, nicht erahnen. Die **Fresken** im Inneren schuf Michael Willmann (1630–1706), der »schlesische Rembrandt«.

Echt gut!

Krakau und Kleinpolen

Nicht verpassen!

- Den Marktplatz von Krakau, den größten mittelalterlichen Platz nördlich der Alpen
- Im Krakauer Künstlercafé »Jama Michalika« eine Tasse Mokka und das Flair des Fin de Siècle genießen
- Das hinreißend schöne Panorama der Hohen Tatra von Głodówka aus betrachten
- Eine Floßfahrt durch den wilden Dunajec im Pieniński-Nationalpark unternehmen

Zur Orientierung

Kleinpolen – das ist der bergige Südosten Polens, jahrhundertelang das Kerngebiet des polnischen Königreichs mit der einstigen Hauptstadt Krakau (bis ins 17. Jh.). Das südliche Kleinpolen, das in den Teilungen Polens österreichisch geworden war, nannte man im 19. Jh. Galizien.

Hauptanziehungspunkt ist Krakau (756 000 Einw.). Die altehrwürdige Königsstadt mit der angeblich höchsten Kneipen- und Restaurantdichte Europas hat sich zum Reiseziel Nummer Eins in Polen entwickelt.

Doch noch eine ganze Reihe weiterer Highlights lassen sich in Kleinpolen ausmachen: Hier liegen die höchsten und wildesten Berge des Landes – die Hohe Tatra – und die meisten Nationalparks. Im Bieszczadzki-Nationalpark haben beispielsweise Braunbären, Luchse, Steinadler und Äskulapschlangen ein geschütztes Refugium gefunden. Herrliche Wanderwege erschließen die Region. Und nicht zuletzt gehören zahlreiche Orte Kleinpolens zum Weltkulturerbe: neben Krakau sind es Wieliczka, Kalwaria Zebrzydowska, Oświęcim (Auschwitz) und Zamość – sowie die Holzkirchen der Karpaten. Die Städte Kazimierz Dolny und Sandomierz an der Weichsel und viele Schlösser sind Höhepunkte für Architekturinteressierte.

Polens Nationalparks bieten unendliche Wandermöglichkeiten

Da es kaum Schnellstraßen gibt, ist Krakau nur als Basis für Ausflüge in die unmittelbare Umgebung zu empfehlen. Als weitere Standorte für die Erkundung Kleinpolens, die zugleich über gute Hotels verfügen, eignen sich u. a. Zakopane, Krynica Górska, Sanok, Rzeszów, Sandomierz, Zamość, Lublin, Kazimierz Dolny und Kielce.

Touren in der Region

Zum UNESCO-Weltkulturerbe in den Karpaten

(13) Krakau › Kalwaria Zebrzydowska › Nowy Sącz › Bóbrka › Haczów › Lipnica Murowana › Krakau

Dauer: 3 Tage, 640 km
Praktische Hinweise: Diese Auto-Tour lässt sich gut mit einem Abstecher in die Berge oder einen Nationalpark – Hohe Tatra, Pieniny, Bieszczady – kombinieren › S. 130 ff.

Bei dieser abwechslungsreichen Tour lernt man u. a. das nördliche Karpatenvorland sowie die herausragenden Sakralbauten, die zum UNESCO-Weltkulturerbe zählen, kennen. Zunächst ver-

Echt gut! dient unweit Krakaus **Europas größter **Kalvarienberg** (Kalwaria Zebrzydowska, UNESCO-Welterbe), den man nach dem Vorbild von Jerusalem ab 1602 schuf, Aufmerksamkeit. Der weitere Weg führt über **Rabka** und **Nowy Targ** nach **Dębno Podhalańskie.** Die **Erzengel-Michael-Kirche aus dem 15. Jh. zählt zu den wertvollsten Baudenkmälern Polens. Sie wurde aus Lärchenholz ohne Metallnägeln gezimmert (Mo–Fr 9–12, 14 bis 16.30, Sa 9–12 Uhr).

Nowy Sącz bietet interessante Bauwerke sowohl in seinem mittelalterlichen Stadtkern (Stiftskirche, Synagoge, Museum des naiven Malers Nikifor) als auch in der näheren Umgebung, z. B. das Freilichtmuseum in der Vorstadt Falkowa mit einer Holzkirche (Tipp: **Hotel Panorama,** ul. Romanowskiego 4a, Tel. 0 18/ 4 43 71 10, ●●). Fährt man nach Osten, so stößt man in einem Dorf südlich der Stadt **Gorlice,** in **Sękowa,** auf die zweite UNESCO-Holzkirche und bei **Biecz,** das unter Denkmalschutz steht, auf die dritte: **Binarowa** (1500). Ein Freilichtmuseum, das über die historische Erdölförderung informiert, bietet **Bóbrka.** Hier arbeitete Ignacy Łukasiewicz, der Erfinder der Petroleumlampe. Weniger technisch Interessierte zieht es zu weiteren UNESCO-Welterbestätten – nach **Haczów,** wo die mit Abstand größte aller Holzkirchen der Region steht (15. Jh.) sowie nach **Blizne,** einer Holzkirche mit naiven Wandmalereien. Über **Rzeszów** (gute Hotels) führt der Weg nach Krakau zurück. Am Wegesrand locken mehrere **Schlösser** › S. 118 und die letzte mittelalterliche Holzkirche, die UNESCO-prämierte **Friedhofskirche** von **Lipnica Murowana.**

Zu den schönsten Schlössern des Landes

(14) Krakau › Łańcut › Krasiczyn › Sandomierz › Krzyżtopór › Kielce › Krakau

Dauer: mind. 4 Tage, 720 km
Praktische Hinweise: Auto unabdingbar, Übernachtungen rechtzeitig reservieren. Wer nach Lemberg (Ukraine) fahren möchte, benötigt für die Einreise einen Pass, der noch sechs Monate gültig ist.

Prachtvolle Schlösser prägen die weitgehend flache Region nördlich der Beskiden. Einst im Besitz bedeutender Magnatenfamilien, die im 16. und 17. Jh. die Geschicke des Landes bestimmten, sind einige von ihnen zu stilvollen Hotels umgebaut worden › S. 23. Die erste Residenz östlich von Krakau liegt in **Wiśnicz Nowy.** Auf die spätgotische Burg des Kronkanzlers Jakub Dębiński stößt man in **Dębno. Łańcut** hinter Rzeszow gehörte den Potockis, der nach den Radziwiłłs zweitwichtigsten Adelsfamilie von Polen-Litauen. Das frühbarocke, im 19. Jh. umgebaute ***Schloss** im Ostteil des Ortes ist heute ein Museum für Innenarchitektur. Es hat das Jahr 1945 unbeschadet überstanden,

 Karte Seite 119

und ist damit eine Ausnahme in Polen. Nach 70 km erreicht man **Przemyśl** am Ufer des San. Über Fluss und Altstadt erhebt sich der Schlossberg mit der von Kasimir d. Gr. im 14. Jh. angelegten ***Burg,** die im Ersten Weltkrieg eine Schlüsselrolle in den Kämpfen zwischen Russland und Österreich-Ungarn spielte. Tipp: Von hier kann man sich einem organisierten Tagesausflug nach Lemberg (Lwów, heute Lviv), der Hauptstadt Galiziens, anschließen.

Krasiczyn ist berühmt für sein ***Schloss,** einen Renaissancebau (1598–1618) mit romantischem Park. Das Hotel im Nebengebäude des Schlosses bietet sich als Nachtquartier an (**Schlosshotel Zamkowy,** Tel. 0 16/6 71 83 21, www.krasiczyn.com.pl, ●●). Über **Leżajsk,** dessen Bernhardinerkirche die **beste Orgel Südpolens** besitzt, erreicht man das am ho-

Echt gut!

(13) **Zum UNESCO-Weltkulturerbe in den Karpaten** Krakau › Kalwaria Zebrzydowska › Nowy Sącz › Bóbrka › Haczów › Lipnica Murowana › Krakau

(14) **Zu den schönsten Schlössern des Landes** Krakau › Łańcut › Krasiczyn › Sandomierz › Krzyżtopór › Kielce › Krakau

(15) **Bergtour in der Hohen Tatra** Palenica Białczańska › Morskie Oko › Schwarzer Teich v Roztoka-Tal › Wasserfälle Wodogrzmoty Mickiewicza

Der Gletschersee Morskie Oko

hen Weichselufer gelegene malerische ***Sandomierz** › S. 134. Das nahe **Baranów** bietet erneut ein Schloss von Rang.

Eine imposante Schlossruine erblickt man nach 35 km in **Ujazd-Krzyżtopór.** Das Innere war einst prachtvoll – die Pferdeställe aus Carrara-Marmor gearbeitet und die Decke des Großsaals ein Aquarium, das den Gästen Abwechslung bot.

Die nächste Station ist **Nowa Słupia,** von wo aus die Wanderung zum **Święty Krzyż,** wörtlich Hl. Kreuz (Kloster), unternommen werden kann. Das Zentrum der Region ist die Stadt **Kielce** (204 000 Einw.), lange Zeit im Besitz der Krakauer Bischöfe. Um 1640 errichtet und von zwei großen Türmen flankiert, zeigt das Schloss frühbarocke nüchterne Formen. Das dortige Nationalmuseum besitzt eine respektable Gemäldesammlung (Di–So 10 bis 18 Uhr). Von Kielce führt eine gut ausgebaute Straße an der malerischen Burgruine von **Chęciny** (14. Jh.) vorbei zurück nach Krakau (120 km).

Bergtour in der Hohen Tatra

⑮ Palenica Białczańska › Morskie Oko › Czarny Staw › Roztoka-Tal › Wasserfälle Wodogrzmoty Mickiewicza

Länge: 1 Tag
Praktische Hinweise: Geeignet für alle, die einigermaßen trainiert sind. Ein Muss: festes Schuhwerk. Ausreichend Getränke mitnehmen! Bei zwei Bergherbergen kann man die Wasservorräte auffüllen. Startpunkt: Parkplatz in Palenica Białczańska, 2 km südlich des Grenzübergangs in die Slowakei, Łysa Polana. Die Hohe Tatra ist während der Schulferien (Juli–Aug.) sehr voll. Ideale Reisezeit: September.

Von **Palenica Białczańska** aus sind es zwei Stunden zu Fuß bis zum **Morskie Oko** (Meeresauge). Je früher man startet, desto größer die Chance, dass man diese Teilstrecke nicht in einer schier endlosen Prozession der Urlauber bewältigen muss.

Das »Meeresauge« gilt als der schönste und ist zugleich der größte See der Tatra. Die Goralen glaubten, dass zwischen ihm und der Adria eine Verbindung existierte, daher der Name. Man geht entlang des östlichen Ufers bis zur Abzweigung nach oben und erreicht den ruhigen **Czarny Staw** (Schwarzer Teich; rote Markierungszeichen). Erfahrene und trainierte Wanderer steigen von hier aus auf den höchsten polnischen Gipfel, den **Rysy** (2499 m; 2 Std. ab Czarny Staw). Unsere Tour führt zurück zum Morskie Oko und von dort ins **Tal der Fünf Polnischen Seen** (Dolina Pięciu Stawów Polskich): entweder den schwierigeren Pass über **Szpiglasowa** (gelbe Markierungen; ca. 3 Std., hinter dem Pass eine kurzer Abschnitt mit Ketten abgesichert) gehen oder über **Świstówka** (blau markiert), wo man in zwei Stunden die Bergherberge im Tal erreicht – relativ häufig sind hier Gemsen zu sehen.

Im Fünf-Seen-Tal sollte man unbedingt die Bergkulisse vor dem Großen Teich genießen. Dann beginnt der Abstieg (grüne Markierung), vorbei an dem **höchsten Wasserfall der Tatra, Siklawa** (71 m), ins **Roztoka-Tal.** Ein leichter Weg führt bis zu den **Wasserfällen Wodogrzmoty Mickiewicza,** wo der Wanderweg an der Straße Łysa Polana-Morskie Oko mündet.

Echt gut!

10 ***Krakau (Kraków) 1

***Die Altstadt

Jeder einzelne Stein der historischen Altstadt, die wie der Wawelberg zum UNESCO-Weltkulturerbe zählt, könnte eine Geschichte erzählen: von dem Waweldrachen, der zu Lebzeiten von König Krak schöne Mädchen verspeiste, von einer gewissen Wanda, die sich weigerte, einen Deutschen zu heiraten und es vorzog, sich in die Weichsel zu stürzen, oder von der 1997 heiliggesprochenen Königin Jadwiga, die wiederum einen Deutschen liebte, aber wegen der Staatsräson Großfürst Jagiełło von Litauen ehelichen musste und, bevor sie aus Gram starb, ihre Krone der Universität Krakau schenkte ...

Da Krakau 1945 kampflos eingenommen wurde, überstand die Stadt den Zweiten Weltkrieg unbeschadet und gilt mit ihren hochkarätigen Theatern, Kabaretts und Musikklubs noch immer als heimliche (Kultur-)Hauptstadt des Landes.

Vorbei an der ***Barbakane** Ⓐ, einer runden Vortorbefestigung aus dem 15. Jh., betritt man die Altstadt durch das ***Florianstor** (brama Floriańska). Es ist das einzige erhaltene Tor der alten Stadtmauer, die Anfang des 19. Jhs. abgerissen wurde und in deren ehemaligem Verlauf eine Grünanlage, »Planty«, entstand. Heute nutzen in den Sommermonaten zahlreiche Künstler die Reste der

Raumteiler aus der Renaissance: Die Sukiennice am Krakauer Marktplatz

Stadtmauer als Freilichtgalerie für ihre Werke.

An der Mauer entlang kommt man zum **Czartoryski Palais** Ⓑ, das eine Sammlung des Nationalmuseums beherbergt: italienische, deutsche und niederländische Meister, darunter die berühmte »Dame mit dem Hermelin« von Leonardo da Vinci (zurzeit wegen Sanierung geschl.).

**Der Marktplatz

Am Florianstor beginnt die Floriansgasse (ul. Floriańska), eine belebte Fußgängerpromenade, die zum großzügigen Krakauer Marktplatz (Rynek Główny) führt. Unter den mittelalterlichen Marktplätzen Europas ist nur der Markusplatz in Venedig größer. Patrizierhäuser aller Epochen säumen den Rynek Główny. Die Krakauer Blumenfrauen breiten ihre farbenprächtige Ware aus, man sitzt in den umliegenden Cafés, die bei den ersten Sonnenstrahlen ihre Tische herausstellen.

Mitten auf dem Platz befinden sich die ***Tuchhallen** (Sukiennice) Ⓒ, deren ursprüngliche Handelsfunktion erhalten blieb. Der Komplex stammt aus dem 14. Jh., wurde aber in der Renaissance so kunstvoll umgestaltet, dass der Bau Vorbildcharakter bekam. Verkauft werden in den Tuchhallen u. a. **naive Holzschnitzereien**, die meist christliche Motive zeigen und zum typischen Kunsthandwerk der Region zählen.

Echt gut!

Das Krakauer Rathaus wurde nach einem Brand Anfang des 19. Jhs. abgerissen. Und so steht heute nur noch der gotische **Rathausturm** auf dem Marktplatz. Ein anderer Blickfang auf dem Platz ist das Denkmal des Dichters Adam Mickiewicz › S. 33.

Beim Verlassen der Tuchhallen fällt der Blick auf die kleine **Adalbertkirche** (kościół św. Wojciecha), die ein wenig verloren auf dem riesigen Platz wirkt. Die teilweise aus dem 10. Jh. stammende Kirche ist wesentlich älter als die planmäßig angelegte Stadt mit ihrem Markt. Eine Ausstellung im Kellergeschoss informiert über die tausendjährige Geschichte des Hauptmarktes.

Die Ostseite des Platzes begrenzt die imposante ***Marienkirche** Ⓓ. Charakteristikum der dreischiffigen Basilika aus dem 14. Jh. sind die beiden unterschiedlich gestalteten Türme. Jede Stunde ertönt vom linken Turm die berühmte Trompetenfanfare, die im 13. Jh. die schlafende Stadt vor dem drohenden Mongoleneinfall warnte, bis ein Pfeil die Kehle des Trompeters durchbohrte und die Melodie jäh abbrach. Bis heute endet sie abrupt.

Die Marienkirche besitzt mit ihrem berühmten **Hauptaltar Echt gut! **ein Juwel spätgotischer Schnitzkunst.** Der Nürnberger Veit Stoß, den man für den Auftrag eigens nach Krakau gerufen hatte, schuf den Flügelaltar 1477–1489. Mit einer Höhe von 13 Metern ist der Marienaltar einer der imposantesten Altäre aus dem Mittelalter. Täglich um 12 Uhr wird er geöffnet (bis 18 Uhr). Dann offenbart die Mitteltafel mit dem eindringlich dargestellten Tod der Gottesmutter die Meisterschaft von Veit Stoß.

*Collegium Maius Ⓔ

Für die Stadtgeschichte Krakaus sind zwei Daten besonders wichtig: das Jahr 1000, in dem das Bistum Krakau gegründet und damit das Fundament für die Blüte der Stadt gelegt wurde, und das Jahr 1364, als die Jagiellonen-Universität ins Leben gerufen wurde. Bis heute ist Krakau der begehrteste Studienort junger Polen.

Vom Hauptmarkt aus erreicht man das älteste noch erhaltene Gebäude der Universität, das Collegium Maius. Noch heute finden in dem Gebäude der nach Prag zweitältesten Universität Mitteleuropas (1364) mit schönem gotischen Arkadenhof Vorlesungen und Diplomfeiern statt. Ein traumatisches Ereignis war die sogenannte Sonderaktion Krakau. Unter dem Vorwand, feierlich das Akademische Jahr eröffnen zu wollen, lockten die Nazis im Jahr 1939 183 Professoren und wissenschaftliche Mitarbeiter der Krakauer Hochschulen in das Collegium Novum der Universität, um sie dann ins KZ Buchenwald zu verschleppen. Aufgrund weltweiter Proteste kam die meisten Wissenschaftler 1940 frei. 28 von ihnen aber wurden erschossen bzw. starben im Lager oder kurz nach der Entlassung an den Folgen der Gefangenschaft.

Von der Altstadt zum Wawel

Vom Marktplatz aus folgt man der ulica Grodzka, die den letzten Abschnitt des Königstrakts vom Florianstor zum Wawelschloss bildet, und gelangt zur ***Franziskanerkirche** Ⓕ, die sich durch eine etwas gewagte Stilkombination auszeichnet. Den gotischen Raum schmücken Jugendstilfenster des polnischen Fin-de-Siècle-Genies Stanisław Wyspiański (1869 bis 1907).

Auf dem Weg zum Wawelhügel kann man der ***Peter- und Paulkirche** Ⓖ einen Besuch abstatten. Sie ist die erste Barockkirche Polens. Der Architekt orientierte sich bei dem für die Jesuiten bestimmten Gotteshaus an der berühmten römischen Jesuitenkirche Il Gesú. Im Innern birgt sie die Krypta eines viel verehrten Priesters (Piotr Skarga).

***Der Wawel Ⓗ

Stilistisch unterschiedliche Baukörper fügen sich auf dem Wawelhügel zu einem erstaunlich harmonischen Komplex zusammen. Der **Dom** ist für die Polen nicht nur von religiöser, sondern vor allem von patriotischer Bedeutung, denn seit 1320 wurden hier jahrhundertelang die polnischen Könige gekrönt, die vom 14. bis 17. Jh. von Krakau aus über ihr Reich herrschten. Sie ruhen in den Krypten des Doms, vereint mit Kirchenfürsten und Nationalhelden. In der Kirche sind zahlreiche Grabkapellen zu bewundern, u. a. die Kaplica Świętokrzyska, die Heilig-Kreuz-Kapelle mit ruthenisch-byzantinischen Fresken und dem marmornen Grabmal von Kasimir IV., einem Werk von Veit Stoß. Am schönsten ist jedoch die Sigismund-Kapelle (Kaplica Zygmuntowska), ein 1516 entworfener Renaissancebau mit einer in reinem Gold erstrahlenden Kuppel.

Etwas Kondition verlangt die Besteigung des **Domturmes.** Kreuz und quer führt eine Holzstiege durch das Gewirr der Dachbalken bis zur **Sigismund-Glocke** (dzwon Zygmunta). Die 1520 gegossene Glocke wurde in den letzten Jahrhunderten nur wenige Male bei besonderen historischen Ereignissen geläutet. Heute berühren Touristen die Klöppel mit der linken Hand, denken dabei an ihre geheimsten Wünsche und hoffen, dass diese – wie eine Legende verspricht – alsbald in Erfüllung gehen.

Echt gut

Das **Königsschloss** lässt es an Pracht und Prunk nicht mangeln, war es doch über Generationen die Residenz der polnischen Herrscher. Innen wie außen beeindrucken Kunstwerke aus verschiedenen Epochen. Der heute das Erscheinungsbild dominierende

Ⓐ Barbakane
Ⓑ Czartoryski Palais
Ⓒ Tuchhallen
Ⓓ Marienkirche
Ⓔ Collegium Maius
Ⓕ Franziskanerkirche
Ⓖ Peter- und Paulkirche
Ⓗ Wawel
Ⓘ Alte Synagoge
Ⓙ Jüdischer Friedhof

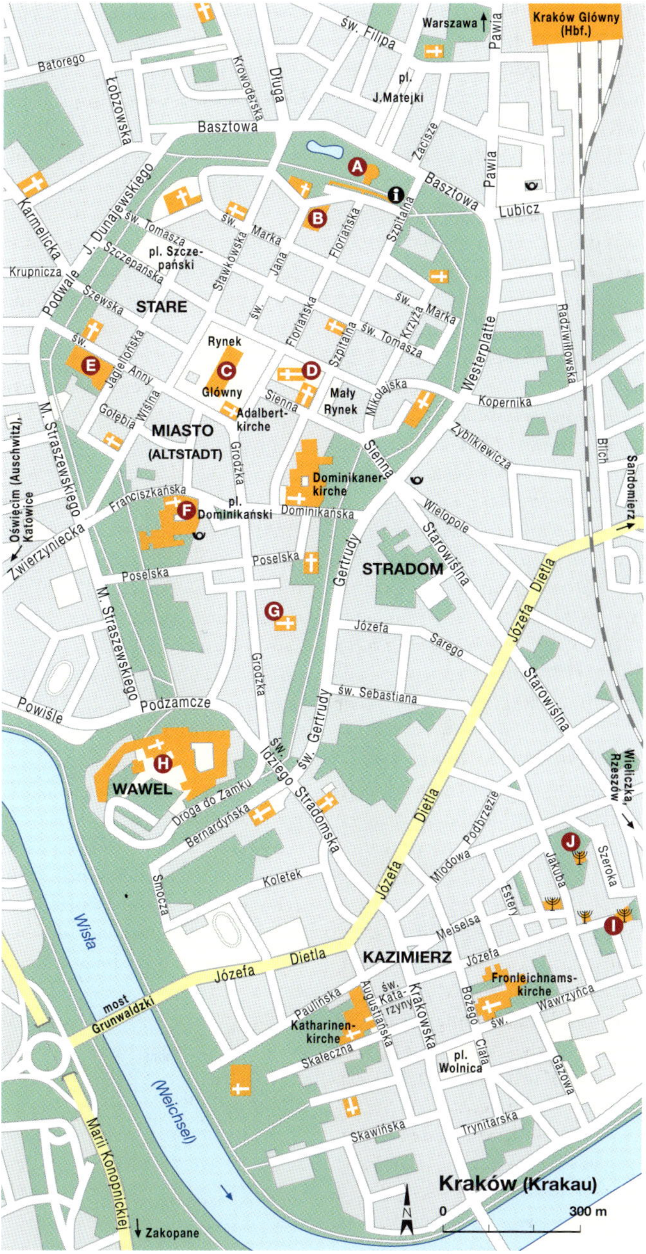
Kraków (Krakau)
0
300 m
N
Kraków Główny (Hbf.)
Warszawa
Zakopane
Oświęcim (Auschwitz), Katowice
Sandomierz
Wieliczka, Rzeszów
STARE
MIASTO
(ALTSTADT)
STRADOM
KAZIMIERZ
WAWEL
Rynek
Główny
Mały
Rynek
pl. Szczepański
pl. J.Matejki
pl. Dominikański
pl. Wolnica
Adalbertkirche
Dominikanerkirche
Fronleichnamskirche
Katharinenkirche
Wisła
(Weichsel)
most Grunwaldzki
Basztowa
Batorego
Łobzowska
Krowoderska
Długa
św. Filipa
Pawia
Zacisze
Lubicz
Karmelicka
Krupnicza
J. Dunajewskiego
Podwale
Szewska
św. Tomasza
Szczepańska
św. Marka
Sławkowska
św. Jana
Floriańska
Szpitalna
św. Krzyża
Westerplatte
Radziwiłłowska
Jagiellońska
św. Anny
Gołębia
Wiślna
Sienna
Mikołajska
Kopernika
Zyblikiewicza
Blich
Grodzka
Franciszkańska
Dominikańska
Wielopole
Starowiślna
M. Straszewskiego
Zwierzyniecka
Poselska
Gertrudy
Józefa
Sarego
św. Sebastiana
Józefa Dietla
Podzamcze
Powiśle
św. Idziego
św. Gertrudy
Stradomska
Droga do Zamku
Bernardyńska
Smocza
Koletek
Miodowa
Podbrzezie
Jakuba
Szeroka
Estery
Meiselsa
Paulińska
Augustiańska
św. Katarzyny
Krakowska
Bożego
Ciała
św. Wawrzyńca
Skałeczna
Gazowa
Skawińska
Trynitarska
Marii Konopnickiej
A
B
C
D
E
F
G
H
I
J

Karte Seite 125

Renaissancestil geht auf einen Umbau von Anfang des 16. Jhs. zurück. Damals erhielt auch der **Schlosshof,** der in seiner Eleganz und Monumentalität sicherlich zu den herausragenden Beispielen in Europa zählt, seine Arkaden.

Echt gut!

Die **Staatlichen Kunstsammlungen,** die im Schloss untergebracht sind, erschlagen den Besucher beinahe: Königsinsignien, Schmuckstücke, Rüstungen und wertvolle Waffen, aber auch Uhren, Möbel, Keramik gehören dazu. Den wertvollsten Teil machen 136 figürliche Wandteppiche aus, die der letzte Jagiellonenkönig, Sigismund II. August, nach 1553 in Flandern anfertigen ließ (1. April–31. Okt. Di–Fr 9.30–17, Sa, So und Fei 10–17 Uhr, im Winter kürzere Öffnungszeiten, www.wawel.krakow.pl).

Synagoge im Viertel Kazimierz

Kazimierz

Als wirtschaftliche Konkurrenz zur stolzen Patrizierstadt Krakau sollte nach den Ideen Kasimirs des Großen im 14. Jh. die Stadt Kazimierz angelegt werden. Auch wenn deren Bedeutung nie so groß wurde, lebten die zwei Städte jahrhundertelang getrennt nebeneinander, bis Kazimierz von Krakau eingemeindet wurde. Berühmtheit erlangte es seit 1495 als Wohnstätte der jüdischen Bevölkerung. Die jüdischen Gebäude von Kazimierz überlebten die Zerstörungswut der Nationalsozialisten, da diese hier angeblich ein Museum der – wie es offiziell hieß – »untergegangenen Rasse« gründen wollten. Von den 68 000 (1938) jüdischen Bewohnern von Kazimierz überlebten nur einige hundert die Vernichtungslager, nicht zuletzt dank Oskar Schindler, der durch den Film »Schindlers Liste« von Steven Spielberg weltweit bekannt wurde.

Das **Jüdische Museum,** das sich in der ehemaligen ***Alten Synagoge** (Stara Synagoga) I befindet, hält die Erinnerung wach an die untergegangene jüdische Kultur (1. April–31. Okt. Mo 10 bis 14 Uhr, Eintritt frei, Di–So 10–17 Uhr, im Winter eingeschränkte Öffnungszeiten). Der ebenfalls auf der ul. Szeroka neben einer weiteren Synagoge (Remuh-Synagoge) gelegene **Jüdische Friedhof** J wurde 1533 angelegt und ist neben Prag der

Karte Seite 125

einzige erhaltene Renaissancefriedhof der Juden in Europa.

Info

- **ul. Szpitalna 25**
Tel. 0 12/4 32 00 60
- **Rynek Główny 1/3 (Marktplatz, in den Tuchhallen)**
Tel. 0 12/4 21 77 06
- **Auskunft über kulturelle Veranstaltungen:**
ul. św. Jana 2
Tel. 0 12/4 21 77 87
- **Infos auch unter:**
www.cracow-life.com,
www1.krakow.pl/de,
www.krakau.travel
- **Karnet** und **Miesiąc w Krakowie,** die monatlich auch auf Englisch erscheinenden Zeitschriften, informieren über Adressen und Veranstaltungen. Gut ist auch **Kraków in your pocket** (alle 2 Monate), siehe auch unter www.inyourpocket.com/poland/krakow.

Hotels

- **Copernicus**
ul. Kanonicza 16
Tel. 0 12/4 24 34 00
www.copernicus.hotel.com.pl
Das nobelste Hotel der Stadt, nicht weit vom Wawel entfernt, mit Pool und Dachterrasse. Einige der sehr schmucken Zimmer haben echte Renaissancefresken. ●●●
- **Wentzl**
Rynek Główny 19
Tel. 9 12/4 30 26 64
www.wentzl.pl
Feines Boutique-Hotel mit grandiosem Altstadtblick, sehr geschmackvoll eingerichteten Zimmern und besonders kompetentem Personal. ●●●
- **Matejko**
plac Jana Matejki 8
Tel. 0 12/4 22 47 37
www.matejkohotel.pl
Ein 2004 eröffnetes Drei-Sterne-Hotel mit 45 Zimmern in einem Altbau, elegantem Restaurant und Bierkeller, günstige Lage in der Stadtmitte. ●●

Restaurants

- **Wierzynek**
Rynek Główny 15
Tel. 0 12/4 2 96 00
www.wierzynek.com.pl
Hier tafelten schon 1364 Kaiser und Könige. Die Preise für die Gerichte nach altpolnischen Rezepten sind ebenfalls königlich. Reservieren! ●●●
- **Hawelka**
Rynek Główny 34
Tel. 0 12/4 22 47 53
www.hawelka.pl
Man isst entweder in dem noblen Obergeschoss, wo bereits Helmut Kohl sich an Ente mit Äpfeln gütlich tat, oder etwas schlichter und günstiger im Erdgeschoss. ●●–●●●
- **Chłopskie Jadło**
ul. św. Agnieszki 1
Tel. 0 12/4 21 85 20
www.chlopskiejadlo.pl
Populäres Restaurant mit rustikalem Ambiente, deftige polnische Küche. ●●
- **Café Jama Michalika**
ul. Floriańska 45
Tel. 0 12/4 22 15 61
www.jamamichalika.pl
Echt gut!
Das im Jugendstil errichtete traditionsreiche Café war schon um 1900 ein beliebter Treffpunkt der Krakauer Bohème, die, selten bei Kasse, mit eigenen Zeichnungen ihre Zeche beglich (an den Wänden des ersten Saals zu bewundern). Der hintere Teil des Cafés

Jazzclubs haben Konjuktur in Krakau

mit seinen in Jugendstilmanier geschwungenen Möbeln und einem Glasfenster in der Decke versetzt einen in das Wien der k.u.k.-Monarchie.

Shopping

Empik Megastore

Rynek Główny 5 (Krakauer Marktplatz)

Bildbände über das alte und neue Krakau, daneben auch deutschsprachige Bücher, findet man in dieser großen Buchhandlung.

Nightlife

■ Die originelle Kellerkneipe **Pod Baranami, Rynek Główny 27,** Tel. 0 12/ 4 21 25 00, www.piwnicapodbaranami.pl, bietet außer Livemusik und Bier das legendäre Krakauer Kabarett – Musik und Situationskomik werden auch Ausländern verständlich. Seit einigen Jahren entwickelt sich eine rege Nachtszene in Kazimierz. Das **Alchemia, ul. Estery 5,** Tel. 0 12/ 4 21 22 00, www.alchemia.com.pl, hebt sich aus der Masse wegen seiner Livekonzerte ab.

Echt gut!

■ Im **Jazz Club u Muniaka, ul. Floriańska 3,** Tel. 0 12/4 23 12 05, www.umuniaka.pl, tritt Besitzer Janusz Muniak, einer der berühmtesten Saxophonisten Polens, mit wechselnder Begleitung auf (Do, Fr, Sa 21.30 Uhr). Andere schwören auf den **Jazz Klub Kornet, al. Krasińskiego 19** (gegenüber dem Kino Kijów), wo Di und Fr Jazzkonzerte stattfinden, oder auf **Piwnica pod Jaszczurami, Rynek Główny 7/8,** Tel. 0 12/4 21 75 40. Sowohl Jazz- als auch Kabarettliebhaber kommen in den Clubs **Loch Camelot, ul. św. Tomasza 17,** Tel. 4 23 06 38, www.lochcamelot.art.pl, und **Harris Piano Jazz Bar, Rynek Główny 28,** Tel. 4 21 57 41, www.harris.krakow.pl, auf ihre Kosten.

Echt gut!

Ausflüge

Wieliczka 2

Der Minibus fährt von der ul. Starowiślna (neben dem Haupt-

Karte Seite 119

postamt) nach Wieliczka (10 km). Das gleichnamige **Salzbergwerk** zieht mit seinen berühmten unterirdischen Kirchen und den **fantastischen Salzskulpturen** seit 250 Jahren zahlreiche Besucher an. Mittlerweile kommen jährlich über 1 Mio. Gäste in die von der UNESCO zum Weltkulturerbe erklärten Anlage und lassen sich in engen Fahrstuhlkörben 150 m in die Tiefe fahren.

Echt gut!

Bereits im 12. Jh., möglicherweise auch schon vor dem Jahr 1000, wurde in Wieliczka das begehrte Salz abgebaut. Bei der Besichtigung des Bergwerks lernt man allerdings nur einen kleinen Ausschnitt der insgesamt 300 km zählenden unterirdischen Gänge kennen (April–Okt. tgl. 7.30 bis 19.30, Nov. bis März 8–17 Uhr, www.kopalnia.pl).

*Ojcowski-Nationalpark 3

Nach der Besichtigung von Krakau bietet der Ojcowski-Nationalpark, nur rund 16 km nördlich der Stadt, ein willkommenes Kontrastprogramm. Die landschaftliche Schönheit dieses Karstgebietes mit seinen rund 400 Höhlen, der reichen Tier- und Pflanzenwelt, muss einfach jeden begeistern. Das Wahrzeichen des Parks ist die berühmte **Herkuleskeule,** ein eigenartiges Felsgebilde direkt an der Straße. Sie liegt beim Ort Pieskowa Skała, der außerdem ein ***Renaissanceschloss** mit elegantem Arkadenhof zu bieten hat (Park-Verwaltung, 32-047 Ojców, Tel. 0 12/3 89 10 39).

Auschwitz und Birkenau 4

Deutsche Besucher mag es viel Kraft und Überwindung kosten, mit dem düstersten Kapitel ihrer Geschichte so direkt konfrontiert zu werden, aber dennoch gehört ein Besuch von **Oświęcim** (Auschwitz), 50 km westlich von Krakau, zum Pflichtprogramm. Auschwitz wird immer ein Synonym für den grauenvollsten Völkermord der Geschichte bleiben. 1940 wurde das Lager errichtet, das später aus drei Teilen (Auschwitz I, Auschwitz II-Birkenau, Auschwitz III-Monowitz) und ca. 40 Nebenlagern bestand. Die Gedenkstätte auf dem KZ-Gelände sowie die zweite Gedenkstätte in dem Vernichtungslager **Birkenau** 3 km nordwestlich (Ortsteil Brzezinka) erinnern an die Menschen, die hier dem nationalsozialistischen Rassenwahn zum Opfer fielen. Während in Auschwitz anfangs die intellektuelle Elite Polens, sowjetische Kriegsgefangene sowie Staatsbürger aus zwei Dutzend anderen Nationen inhaftiert waren, wurden in Birkenau ab 1942 über eine Million Juden in der Gaskammer ermordet.

Bei einer Führung erfährt man Hintergrundinformationen, aber auch die Sachlichkeit des Fremdenführers vermindert das Grauen nicht (tgl. 8–15, März, Nov. bis 16 Uhr, April, Okt. bis 17 Uhr, Mai, Sept. bis 18 Uhr, Juni, Juli, Aug. bis 19 Uhr; www.auschwitz.org.pl).

Unterwegs in Kleinpolen

Częstochowa (Tschenstochau) 5

Der Wallfahrtsort Tschenstochau (250 000 Einw.) zählt zu den meistbesuchten der ganzen Welt. Millionen gläubiger Katholiken ziehen jährlich zum Klosterhügel, dem Jasna Góra (Heller Berg). Ihr Ziel ist eine kleine Ikone unbekannten Alters: die 1384 von Herzog Władysław von Oppeln gestiftete **Schwarze Madonna.** Im Ersten Nordischen Krieg stand die Schwarze Madonna den polnischen Patrioten bei, folglich konnten die Schweden 1655 Tschenstochau nicht einnehmen. Dieser militärisch eher unbedeutende Erfolg hatte eine symbolhafte Wirkung und führte dazu, dass die Schweden aus ganz Polen vertrieben werden konnten. 1717 wurde die Madonna offiziell zur »Königin von Polen« ernannt.

Echt gut!

Wie um die Schwarzen Madonnen von Montserrat, Altötting und Guadalupe, so ranken sich auch um das Tschenstochauer Gnadenbild viele Legenden. Es befindet sich über einem frühbarocken Altar aus Ebenholz und Silber. Normalerweise ist es mit einem Tuch verdeckt, wird aber mit einem großen Zeremoniell täglich enthüllt und ist dann von der ersten Messe bis mittags zu sehen.

Das Kloster selbst ist eine Gründung des Paulinerordens (1382). Heute beherrscht die gotische, später durchgehend barockisierte ***Klosterkirche** aus dem Jahre 1463, umgeben von Bollwerken und Klostergebäuden, die Gesamtanlage. Die Schatzkammer mit verschiedenen Reliquien und der frühbarocke Rittersaal des Klostergebäudes sind ebenfalls zu besichtigen.

*Pieniński-Nationalpark 6

Ein ungetrübtes Naturerlebnis bietet das landschaftlich reizvolle Kalksteinmassiv Pieniny. Mit knapp 3000 ha Fläche ist der Pieniński-Nationalpark (www.pieninypn.pl) zwar einer der kleinsten polnischen Nationalparks, doch vereint er eine Fülle von Naturschönheiten und einen enormen Reichtum an verschiedenen Pflanzenarten, darunter der seltene Sadebaum. Als Basis für Ausflüge in den Park und die atemberaubende Floßfahrt wählt man am besten den Kurort **Szczawnica** 7.

11 Der Höhepunkt ist in Pieniny die ****Floßfahrt auf dem Dunajec.** Die langen Flöße werden von einheimischen Goralen gesteuert (Startpunkt: Anlegestelle Kąty bei Sromowce;

Echt gut!

Wintermärchen in der Hohen Tatra

in Szczawnica endet die Floßfahrt; › S. 21).

Info

Szczawnica
ul. Główna 1
Tel. 0 18/2 62 23 32

Hotel

Batory
Szczawnica
Park Górny 13
Tel. 0 18/2 62 02 07
www.batory-hotel.pl
Bereits 1874 eröffnetes Hotel, schmucke Zimmer, teils mit Balkon. ●●

12 **Hohe Tatra

Zakopane ist die Basis für die Ausflüge in die Hohe Tatra. Diese alpinen Berge liegen zum größeren Teil in der Slowakei, zum kleineren in Polen und sind zu zwei Nationalparks erklärt worden, einem polnischen und einem slowakischen. Hunderte von markierten Wanderwegen aller Schwierigkeitsgrade durchziehen die Bergwelt und geben dem Besucher die Chance, die einmalige Flora und Fauna kennenzulernen. › S. 120

*Zakopane 8

Am Fuße der Hohen Tatra liegt Zakopane. Die Wintersportmetropole Polens verfügt über mehrere Sprungschanzen und gut ausgebaute Skipisten. In den letzten 100 Jahren hat sich das ehemalige Goralendorf zu einer geschäftigen Stadt entwickelt. Aber in den vielen umliegenden kleineren Ortschaften kann der Erholungssuchende immer noch die Idylle der Bergwelt finden. Das **Tatra-Museum** informiert über das Brauchtum der Goralen (ul. Krupówki 10, www.muzeumtatrzanskie.pl, Di–Sa 9–17, So 9–15 Uhr, im Winter Mo und Di geschl.).

In Zakopane

Info

ul. Generała Galicy 8
Tel. 0 18/2 06 69 50
www.zakopane.pl

Hotels

■ **Mercure Kasprowy**
ul. Polana Szymoszkowa 1
Tel. 0 18/2 02 40 00
www.kasprowy.pl
Das große Luxushotel liegt am Berghang des Gubałówka und bietet 288 Zimmer, ein Restaurant und einen Swimmingpool. ●●●

■ **Biały Potok**
ul. Droga do Białego 7
Tel. 0 18/2 01 43 80, 2 01 49 03, Fax 2 01 41 70
Das ehemaliges Erholungsheim der polnischen Regierung liegt am Rande des Nationalparks. Zur Verfügung stehen 10 Zimmer sowie 12 Appartements. ●●

Die Goralen: Kunst und Käse der Karpaten

Die Volksgruppe der Goralen konnte in der Abgeschiedenheit des Talkessels Podhale nördlich der Hohen Tatra ihre eigene Kultur bewahren: ihr Brauchtum, ihren Dialekt und ihre Trachten. Augenfälligstes Beispiel der Kultur ist die Holzarchitektur, wie man sie noch in kleineren Bergdörfern bewundern kann (z. B. Chochołów). Dass es so viele kunstvoll ausgestattete Häuser gibt, lässt sich kurioserweise auf die einstige Armut dieser Karpatenregion zurückführen: Über Generationen hinweg sahen sich Goralen gezwungen auszuwandern. Doch so kam es, dass die Volksgruppe im Nachkriegspolen über die meisten internationalen Kontakte verfügte. Es war Familienpflicht, die in der Heimat Verbliebenen zu unterstützen. Der Dollarsegen ließ hier große reiche Höfe entstehen, während anderenorts die privaten Bauernhöfe verfielen. Die früher notorisch armen Bergbauern gelten heute als wohlhabend. Trotzdem leben einige weiterhin von der Schafzucht.
Die beiden berühmten Käsesorten der Region, Bryndza, ein quarkähnlicher pikanter Frischkäse, und Oscypek, ein geräucherter Hartkäse, werden nach überlieferten Methoden hergestellt und als geschützte Markenprodukte gehandelt.

Der Bieszczadzki-Nationalpark an der Grenze zur Slowakei und Ukraine

Restaurant

Obrochtówka
Kraszewskiego 10
www.obrochtowka-zakopane.pl
Beliebtes Restaurant, nach Goralenart mit viel Holz behaglich gestaltet.●●

Sanok 9 und die Bieszczady

Sanok ist idealer Ausgangspunkt für Ausflüge in die Bieszczady, einen Teil der Waldkarpaten. Interessant sind hier die Ikonensammlung im **Schloss** am Hochufer des San sowie das **Freilichtmuseum** im Stadtteil Biała Góra, in dem man u. a. die Volksarchitektur der Lemken und Bojken, zwei hier lebender Ukrainerstämme, kennenlernt (Muzeum Budownictwa Ludowego, Tel. 0 13/ 4 63 09 04, www.skansen.sanok.pl).

In **Lesko** 10, rund 13 km hinter Sanok, beginnt eine rund 100 km lange Ringstraße durch den traumhaft schönen südöstlichsten Zipfel Polens, die ***Bieszczady-Schleife.** Echt gut! Hier wurde 1973 der ***Bieszczadzki-Nationalpark** geschaffen. Inzwischen ist er Teil des trilateralen Biosphärenreservats Ostkarpaten (Polen-Slowakei-Ukraine). Herrliche Wege laden ein zum Wandern, z. B. zum höchsten Gipfel des Gebirges, der Tarnica (1346 m), und zum Reiten. In den Nadel- und Buchenwäldern, die die steilen Berghänge bedecken, leben Wölfe, Luchse, Braunbären und Wisente.

Info

Sanok
ul. Grzegorza Sanora 2
Tel. 0 13/4 64 45 33

Hotels

■ **Jagielloński**
Sanok
ul. Jagiellońska 49

Echt gut!

Die schönsten Nationalparks in Kleinpolen

- Der **Babiogórski Park Narodowy** (Nationalpark Babia Góra), wo der höchste Berg der Beskiden, der Diablak (1725 m) liegt, wurde von der UNESCO zum Biosphärenreservat erklärt.
- Der **Bieszczadzki Park Narodowy** (Nationalpark Bieszczady) ist ein Wanderparadies › S. 133.
- Zahlreiche Raubvögel haben im **Gorczański Park Narodowy** (Nationalpark Gorce) im Süden Kleinpolens ihr Revier. Tolle Panoramablicke.
- An der Grenze zur Slowakei liegt der **Magurski Park Narodowy** (Nationalpark Magura), ein Biotop für Luchse und Braunbären.
- Bizarre Karstlandschaften erlebt man im **Ojcowski Park Narodowy** (Nationalpark Ojców) › S. 129.
- Floßfahrten kann man im **Pieniński Park Narodowy** (Nationalpark Pieniny) machen › S. 130.
- Die Torfmoore im **Poleski Park Narodowy** (Nationalpark Polesie) sind Rastplätze für Zugvögel und Heimat der Sumpfschildkröte.
- Seit 1982 leben die zurückgezüchteten Nachkommen einstiger Wildpferde im **Roztoczański Park Narodowy** (Nationalpark Roztocze).
- Fantastische Wanderungen lassen sich im **Tatrzański Park Narodowy** (Nationalpark der Hohen Tatra) unternehmen › S. 120 und 131.
- Rund 40 km Wanderwege erschließen den **Świętokrzyski Park Narodowy** (Nationalpark des Heiligkreuz-Gebirges) mit seinen Fichtenwäldern › S. 120.

Tel./Fax 0 13/4 63 12 08
www.hoteljagiellonski.pl
Nett restauriertes Stadtpalais mit 22 Zimmern, Restaurant. ●●

- **Leśny Dwór**

Wetlina
Tel. 0 13/4 68 46 54
www.lesnydwor.bieszczady.pl
Freundliche Pension in einem Dorf an der Grenze zum Nationalpark. ●

*Sandomierz 11

Trotz ihres beschaulich-provinziellen Flairs blickt Sandomierz auf eine große Geschichte zurück. Neben Krakau war es im Mittelalter die zweitwichtigste Stadt der Provinz und eine Zeit lang Sitz eines eigenständigen Herzogtums. Die hoch auf dem Weichselufer gelegene Stadt präsentiert sich ungemein malerisch.

Auf dem großräumigen, leicht abfallenden Marktplatz thront ein Renaissance-Rathaus. Nach ein paar Schritten erreicht man die Kathedrale mit orthodoxen Fresken im Chor und riesigen barocken Bildern an den Wänden, die die Geschichte der Stadt thematisieren, darunter ein Massaker, das die Mongolen 1259 verübten, und eine fiktive Anschuldigung der Juden für einen Ritualmord, die 1710 mit einem Pogrom endete. Die Dominikanerkirche außerhalb der Altstadt ist der älteste Backsteinbau Polens (1226).

Info

Rynek 20
0 15/6 44 61 05
www.sandomierz.travel

Hotel

Basztowy
ul. Księcia J. Poniatowskiego 2
Tel. 0 15/8 33 34 50
www.hotelbasztowy.pl
Zwei Minuten vom Marktplatz entfernt, das beste Haus im Ort. ●●●

**Kazimierz Dolny 12

Echt gut!

Zu Recht wird dieser kleine Ort als einer der pittoreskesten Polens bezeichnet. Seit Generationen zieht das **mediterrane Flair** der an der Weichsel liegenden Stadt Künstler an. Kazimierz Dolny war einst eine Stadt der Getreidehändler, in der zahlreiche Juden lebten, die durch den Handel entlang der Weichsel nach Danzig und weiter nach Westeuropa im 16. Jh. ungemein reich geworden waren, was sich noch heute in den schmucken Bürgerhäusern zeigt. Am **Marktplatz** stehen die zwei schönsten Häuser: »Zum hl. Christophorus« und »Zum hl. Nikolaus«, beinahe lückenlos mit Dekor überzogen. Sehenswert außerdem: die **Pfarrkirche** und die **Burgruine** von Kasimir dem Großen. Um sein ausschweifendes Leben ranken sich diverse Legenden, darunter um die Romanze mit einer Jüdin namens Esterka, die in der nahen Burg in Bochotnica zuhause gewesen sein soll und die der König über einen unterirdischen Tunnel besuchte.

Info

www.kazimierzdolny.pl

In Kazimierz Dolny

Hotel

Król Kazimierz
ul. Puławska 86][Tel. 0 81/8 80 99 99
www.krolkazimierz.pl
Das 2006 eröffnete Vier-Sterne-Hotel liegt zentrumsnah. Es besteht aus einem historischen (17. Jh.) und einem modernen Bau; Weichsel-Blick. ●●●

*Lublin 13

Lublin ist das Zentrum des heutigen Ostpolens (350 000 Einw.). Auf dem Handelsweg zwischen Warschau und Lemberg gelegen, war die Stadt Tagungsort des polnischen Reichstags (sejms), der 1569 Polen und Litauen zu einem »untrennbaren Leib« verbunden hat (Lubliner Union). Weniger stolz ist man inzwischen auf die sogenannte Lubliner Regierung, die sich hier von Stalins Gnaden im Juli 1944 konstituierte. In der Nachkriegszeit war Lublin bekannt für seine zweite Universität – neben der staatlichen katholischen –, die der ansonsten im ganzen Land verbindlichen marxistischen Ideologie mutig Paroli bot.

Der historische Stadtkern wird von der ***Burg** beherrscht. Bedeutendstes Gebäude der Anlage ist die gotische Burgkapelle mit schönen byzantinischen Fresken. Heute beherbergt die hauptsächlich neogotische Anlage ein Museum zur polnischen Malerei, Volkskunst und Archäologie (Di, Do–Sa 10–17, Mi, So 10–18 Uhr).

Dem Burghügel gegenüber liegt auf einer Anhöhe der mittelalterliche Stadtkern. Im Westen sind Reste der **Stadtmauer** aus dem 14. Jh. mit dem Krakauer Tor (brama Krakowska) erhalten. Wie zahlreiche Gebäude der Altstadt, so zeigt auch die Johannes dem Täufer und Johannes dem Evangelisten geweihte **Kathedrale** ein buntes Stilgemisch. In der benachbarten **Dominikanerkirche** fallen die Kuppelkapellen im Stil der Spätrenaissance auf.

Info

ul. Jezuicka 1/3
Tel. 0 81/5 32 44 12
www.um.lublin.pl

Hotel

Europa
ul. Krakowskie Przedmieście 29
Tel. 0 81/5 35 03 03
www.hoteleuropa.pl
Das in der Fußgängerzone gelegene Tagungshotel mit 73 Zimmern ist in einem Gebäude aus dem 19. Jh. untergebracht. Elegante Ausstattung, Restaurant, Bar. ●●●

**Zamość 14

Echt gut!

Ein wirkliches Kleinod ist das **Renaissancestädtchen Zamość,** das 1580 auf Anordnung des polnischen Reichskanzlers Jan Zamoyski als Idealstadt erbaut wurde und auf der Liste des UNESCO-Weltkulturerbes steht.

Ein im Kreismuseum neben dem Rathaus ausgestelltes Modell führt den fünfeckigen Grundriss und die rechtwinklige Anlage der Straßen vor Augen. Das ***Rathaus** beherrscht mit seinem 50 m hohen achteckigen Uhrturm, dem ein Barockhelm aufgesetzt wurde, den ***Marktplatz** (Rynek Wielki). Die zweiflügelige Treppe wurde im 18. Jh. dem Renaissancebau vorgeblendet. Sie passt sich dem Gesamteindruck verblüffend gut an. Der Marktplatz wird von wunderschönen Bürgerhäusern gesäumt, die durch Laubengänge miteinander verbunden sind.

Sehenswert sind darüber hinaus die Pfarrkirche, eine orthodoxe Kirche und eine Synagoge, sämtlich Bauten, die um 1580 errichtet wurden. Übrigens ist Zamość die Geburtsstadt von Rosa Luxemburg, der Aktivistin der polnischen, später der deutschen Arbeiterbewegung. Auf dem Markt No. 37 hat sie 1871 das Licht der Welt erblickt.

Restaurant

Victoria
ul. Kołłątaja 2-6
Tel. 0 84/6 39 25 16
Gediegene altpolnische Küche direkt am Markt. ●●●

Infos von A–Z

Ärztliche Versorgung

Auch in entlegenen Gebieten des Landes sind eine Polyklinik oder ein Privatarzt zu finden, die im Notfall medizinische Hilfe leisten. Arztrechnungen müssen in der Regel sofort bar bezahlt werden. Gesetzlich Krankenversicherte sollten sich vor Reiseantritt bei ihrer Krankenkasse die Europäische Krankenversicherungskarte (EHIC) besorgen. Der Abschluss einer Auslandskrankenversicherung ist in jedem Fall zu empfehlen, da nur er freie Arztwahl und den Rücktransport im Notfall garantiert.

Gängige Medikamente sind erhältlich, wer aber auf bestimmte Präparate angewiesen ist, sollte diese unbedingt in ausreichender Menge mit auf die Reise nehmen.

Devisenbestimmungen

Złoty dürfen ebenso wie alle fremden Währungen ohne Einschränkung ein- und ausgeführt werden. Die Ein- und Ausfuhr von Devisen in Höhe von mehr als 5000 € ist deklarationspflichtig.

Diplomatische Vertretungen

- **Deutsche Botschaft in Polen:** ul. Jazdów 12, 00-467 **Warszawa,** Tel. 0 22/5 84 17 00, www.warschau.diplo.de
- **Deutsche Generalkonsulate:** 80-219 **Gdańsk-Wrzeszcz** (Danzig), al. Zwycięstwa 23, Tel. 0 58/3 40 65 00, www.danzig.diplo.de; 31-043 **Kraków** (Krakau), ul. Stolarska 7, Tel. 0 12/4 24 30 00, www.krakau.diplo.de; 45-084 **Opole** (Oppeln), ul. Strzelców Bytomskich 11, Tel. 0 77/4 23 27 20; 50-449 **Wrocław** (Breslau), ul. Podwale 76, Tel. 0 71/3 77 27 00, www.breslau.diplo.de
- **Österreichische Botschaft in Polen:** ul. Gagarina 34, 00-748 Warszawa, Tel. 0 22/8 41 00 81, www.ambasadaaustrii.pl
- **Schweizer Botschaft in Polen:** al. Ujazdowskie 27, 00-540 Warszawa, Tel. 0 22/6 28 04 81, www.eda.admin.ch/warsaw

Einreise und Ausreise

Für Deutsche, Österreicher und Schweizer genügt der Personalausweis, Kinder benötigen einen Kinderausweis bzw. Kinderreisepass mit Lichtbild oder Eintrag im Pass ihrer Eltern.

Feiertage

- 1. Januar (Neujahr)
- Ostermontag
- 1. Mai (Tag der Arbeit)
- 3. Mai (Tag der Verfassung)
- Fronleichnam
- 15. August (Mariä Himmelfahrt)
- 1. November (Allerheiligen)
- 11. November (Nationalfeiertag)
- 25./26. Dezember (Weihnachten)

Karfreitag und Pfingstmontag sind keine gesetzlichen Feiertage.

Nationalfeiertag ist der 11. November, der der Wiedererstehung des polnischen Staates im November 1918 gedenkt. Mariä Himmelfahrt ist gleichzeitig Staatsfeiertag in Polen (Tag der polnischen Armee) zum Gedenken an das sogenannte Wunder an der Weichsel, eine siegreiche Schlacht gegen die Rote Armee im Jahr 1920.

Geld und Währung

Die polnische Währung ist der Złoty (zł). In Umlauf sind Banknoten zu 10, 20, 50, 100 und 200 Złoty sowie Münzen (Groszy) in Nennwert von 1, 2, 5, 10, 20 und 50 gr.

Ein Złoty entspricht derzeit etwa 0,23 Euro, für 1 Euro erhält man etwa 4,35 zł, für 1 CHF 3,6 zł (Jan. 2012). Den günstigsten Wechselkurs bekommt man für Euro-Noten in Polen selbst.

Der offizielle Umtausch bereitet keinerlei Probleme. Neben Banken existieren private Wechselstuben (»Kantor«). Flächendeckend stehen Geldautomaten zur Verfügung, an denen mit Maestrocard – je nach Bank – bis zu 3000 zł gezogen werden können. Gängige Kreditkarten werden von allen großen Hotels, Fluggesellschaften, Autovermietungen und zunehmend auch von Luxusrestaurants und -geschäften angenommen. Den Verlust der Kreditkarte umgehend melden: Tel. 0 22/5 15 31 50. Man sollte niemals auf der Straße Geld wechseln.

Haustiere

Hunde und Katzen benötigen den europäischen Haustierpass (pet pass). Er ist nur mit gleichzeitiger Identifikation des Tieres durch Tätowierung oder Mikrochip gültig. Der Tierarzt, der den Pass ausstellt, muss auch eine Tollwutimpfung bestätigen.

Information

In den meisten Orten wird man eine Touristeninformation finden, die mit dem Zeichen »it« gekennzeichnet ist.

■ Wer sich schon vor der Reise informieren möchte, wende sich an das **Polnische Fremdenverkehrsamt,** Kurfürstendamm 71, 10709 Berlin, Tel. 0 30/2 10 09 20, Fax 21 00 92 14, www.polen.travel

■ **Reisebüro Polorbis,** Spezialreiseveranstalter für Polen: Friesenplatz 5, 50670 Köln, Tel. 02 21/95 15 34 30, www.polorbis-koeln.de

Urlaubskasse	
Tasse Kaffee	1,50–2 €
Softdrink	1–2 €
Glas Bier	1,50–3 €
Bratwurst	2 €
Kugel Eis	0,50 €
Taxifahrt (10 km)	7–10 €
Mietwagen/Tag	ab ca. 35 €

Notruf

Notruf landesweit: Tel. 112
Polizei: Tel. 997
Feuerwehr: Tel. 998
Rettungsdienst: Tel. 999
Pannendienst: Tel. 981

Öffnungszeiten

Die Öffnungszeiten der **Geschäfte** schwanken sehr und ändern sich ständig. In den größeren Stadt gibt es Lebensmittelläden, die rund um die Uhr geöffnet haben.

Behörden arbeiten in der Regel bis 15 Uhr.

Die privaten **Wechselstuben** haben meist bis 18 Uhr geöffnet, die Wechselschalter der Banken inzwischen überwiegend bis 17 Uhr.

Restaurants öffnen in der Regel um 13 Uhr und schließen gegen 22 Uhr. Ein Ruhetag ist nicht üblich.

Museen sind meist montags geschlossen. Außerhalb der Sommersaison, also von Okt.–Ende April, schließen die Museen generell früher.

Post

Briefmarken werden in Postämtern, die meist von 8 bis 19 Uhr geöffnet haben, verkauft, seltener in Hotels (dann von den Postkartenkiosken).

Das Porto für eine Postkarte oder einen Brief ins europäische Ausland beträgt 2,40 zł, innerhalb Polens 1,55 zł. Normalerweise sind die Briefkästen rot, die grünen Kästen dienen nur dem lokalen Briefverkehr.

Sicherheit

Leider steht Polen nicht ganz zu Unrecht im Ruf, eine Hochburg der Kriminalität zu sein. Im Zuge der gesellschaftlichen Umwälzungen kam es in den 1990er-Jahren zu einem explosionsartigen Anstieg der Verbrechen. Im ländlichen Raum hat die Kriminalität glücklicherweise nicht dieselben Ausmaße wie in den Großstädten erreicht.

Lassen Sie Wertsachen nach Möglichkeit im Hotelsafe und stellen Sie Ihr Auto nur auf bewachten Parkplätzen ab. Der Abschluss einer Reisegepäckversicherung ist ratsam. Führen Sie eine Kopie Ihrer Ausweispapiere mit sich, das hilft im Fall eines Verlusts bei der schnellen Wiederbeschaffung.

Hotline (Juli–Okt. 8–24 Uhr, auf Deutsch und Englisch): 0800 200 300 und 009 82 60-55 (für Handys).

Souvenirs

Welche Souvenirs man aus Polen mitbringt, wird in erster Linie davon abhängen, in welcher Region man Urlaub macht. An der Ostseeküste naturbelassener oder zu Schmuckstücken verarbeiteter Bernstein das mit Abstand beliebteste Mitbringsel, im Riesengebirge dagegen ist es Bleikristall.

Auch moderne Kunst und traditionelle Volkskunst (Holzschnitzereien, gestickte Deckchen, Keramiken) sind ein hübsches Geschenk. Volkskunst von guter Qualität bekommt man in den »Cepelia«-Läden (z. B. Altstadtmarkt in Warschau).

Telefon/Handy

! Seit 1.1.2006 muss auch bei Ortsgesprächen die lokale Vorwahl mitgewählt werden, allerdings ohne 0! In Warschau wählt man also 22 vorweg.

Öffentliche Telefonzellen funktionieren meist mit Karten. Diese *(karta telefoniczna)* kann man bei Postämtern oder Kiosken kaufen. Per Roaming über die polnischen Netzanbieter Polkomtel, Era und PTK-Centertel sind GSM-**Handys** in Polen problemlos zu benutzen.

Die Landesvorwahl ist 0048, gefolgt von der Stadtvorwahl (22 für Warschau, 71 für Breslau, 12 für Krakau etc.). Mit billigen Vorwahlnummern telefoniert man von Deutschland nach Polen sehr günstig, nicht in die entgegengesetzte Richtung, da Telekomunikacja Polska weltweit mit die höchsten Tarife verlangt (auch innerhalb des Landes).

Internationale Vorwahlen:

- Deutschland: 0049
- Österreich: 0043
- Schweiz: 0041
- Polen: 0048

Trinkgeld

Die Preise in Restaurants beinhalten ein Bedienungsgeld. Doch selbstverständlich wird ein Trinkgeld hier wie auch in allen anderen Branchen als Anerkennung für einen guten Service gern genommen.

Zeitungen

Deutsche Zeitungen sind in den Feriengebieten meist mit einem Tag Verspätung an den Pressieständen der großen Hotels erhältlich. Informativ: die Wochenzeitung »Warsaw Voice«.

Zollbestimmungen

Nach Polen darf man alle Gegenstände des persönlichen Gebrauchs und auch Geschenke unbeschränkt einführen, sofern die Menge nicht darauf schließen lässt, dass sie zu Handelszwecken bestimmt sind.

Zollfreigrenzen für die Wiedereinreise in die Schweiz: 200 (in die EU 800) Zigaretten oder 50 Zigarren, 1 l hochprozentiger Alkohol oder 2 l Wein (ab 18 Jahre), 50 ml Parfum oder 250 ml Eau de Toilette, 500 g Kaffee und andere Waren bis zu einem Gesamtwert von 300 CHF pro Person.

Register

Bildnachweis

Alamy/Bildarchiv Monheim GmbH: 112; Alamy/Blickwinkel: 57; Alamy/Peter Brown: U2-Top12-8; Alamy/croftsphoto: 128; Alamy/foodfolio: 103; Alamy/Peter Forsberg: U2-Top12-7; Alamy/Chris Frederiksson: 17; Alamy/INTERFOTO Pressebildagentur: 90; Alamy/PCL: U2-Top12-9, 45, 53, 95; Alamy/Pegaz: 35, 120; Alamy/Photos12: 33; Alamy/Photos Poland: U2-Top12-10, 81, 110; Alamy/Jan Wlodarczyk: 99; APA Publications/Jerry Davis: U2-Top12-11, 55, 61, 62, 100, 132, 135; Bildagentur Huber/Gräfenhain: U2-Top12-3, 114; Bildagentur Huber/Mehlig: U2-Top12-2, 71; Bildagentur Huber/R.Schmid: 24/25; fotolia.com/Inka: 2-3; fotolia.com/JK: 2-1; fotolia.com/satori: 2-2; Ralf Freyer: 16, 20, 85, 96, 126, 131, 133; Rainer Hackenberg: U2-Top12-5; Nicole Häusler: 50; laif/Buessemeier: U2-Top12-12, 59; laif/Tobias Gerber: 5, 65; laif/Hilger: 47; laif/Kirchner: 58; laif/Kreuels: 40; laif/Kristensen: 31; laif/TOP: 36; laif/Gerhard Westrich: 19, 22, 122; LOOK-foto/age fotostock: 38/39, 102, 104; LOOK-foto/Ingolf Pompe: U2-Top12-6, 77; LOOK-foto/Thomas Stankiewicz: U2-Top12-4; LOOK-foto/Dariusz Zarod: 1, 6/7, 9, 12, 41, 116; mauritius-images/W. Bibikow: 83; mauritius-images/Mehlig: 75; Kai-Ulrich Müller: 30; Martin H. Petrich: 69; Klaus Thiele: U2-Top12-1, 76; Tomasz Torbus: 92.

Polyglott im Internet: www.polyglott.de

Impressum

Wir freuen uns, dass Sie sich für einen Reiseführer aus dem Polyglott-Programm entschieden haben. Auch wenn alle Informationen aus zuverlässigen Quellen stammen und sorgfältig geprüft sind, lassen sich Fehler nie ganz ausschließen. Wir bitten um Verständnis, dass der Verlag dafür keine Haftung übernehmen kann. Ihre Hinweise und Anregungen sind uns wichtig und helfen uns, die Reiseführer ständig weiter zu verbessern. Bitte schreiben Sie uns:
GVG TRAVEL MEDIA GmbH, ein Unternehmen der GANSKE VERLAGSGRUPPE
Redaktion Polyglott, Harvestehuder Weg 41, 20149 Hamburg, redaktion@polyglott.de

Wir wünschen Ihnen eine gelungene Reise!

Herausgeber: GVG TRAVEL MEDIA GmbH
Redaktionsleitung: Grit Müller
Autor: Tomasz Torbus, Aktualisierung: Wolfgang Rössig
Lektorat: Gudrun Raether-Klünker
Redaktion Aktualisierung: Bintang Buchservice GmbH, Berlin
Bildredaktion: GVG TRAVEL MEDIA GmbH, Ulrich Reißer und Monika Keiler
Layout: Ute Weber, Geretsried
Titeldesign-Konzept: Studio Schübel Werbeagentur GmbH, München
Karten und Pläne: Sybille Rachfall, Annett Winter und
Kartografie GVG TRAVEL MEDIA GmbH, Hamburg
Satz: Schulz Bild & Text, Mainz
Druck und Bindung: Stürtz Mediendienstleistungen, Würzburg

2. unveränderte Auflage
Printed in Germany
Dieses Buch wurde auf chlorfrei gebleichtem Papier gedruckt.
ISBN 978-3-8464-0826-1

PEFC
PEFC/04-31-1404

Langenscheidt Mini-Dolmetscher Polnisch

Allgemeines

Guten Morgen.	Dzień dobry. [dschjen‿**do**brih]
Guten Abend.	Dobry wieczór. [**do**brih‿**wje**tschur]
Hallo!	Cześć! [tscheschtsch]
Wie geht's?	Co słychać? [zo‿**swi**chatsch]
Danke, gut.	Dziękuję, dobrze. [dschiẽ**ku**jẽ **dob**s~~ch~~e]
Ich heiße ...	Nazywam się ... [na**si**wam‿schjẽ]
Auf Wiedersehen.	Do widzenia. [do‿wi**dse**nja]
Morgen	rano [**ra**no]
Nachmittag	popołudnie [popo**wud**nie]
Abend	wieczór [**wje**tschur]
Nacht	noc [noz]
morgen	jutro [**ju**tro]
heute	dzisiaj [**dschi**schaj]
gestern	wczoraj [**ftscho**raj]
Sprechen Sie Deutsch / Englisch?	Czy pan (m.) / **pa**ni (w.) mówi po niemiecku / angielsku? [tschih‿pan / pani **mu**wi po nje**mje**zku / an**gjel**sku]
Wie bitte?	Słucham? [ßwu**cham**]
Ich verstehe nicht.	Nie rozumiem. [nje‿ro**su**mjem]
Sagen Sie es bitte noch einmal.	Proszę powtórzyć jeszcze raz. [**pro**schẽ pof**tus~~ch~~**ihtsch **jesch**tsche ras]
..., bitte.	..., proszę. [**pro**schẽ]
Danke.	Dziękuję. [dschiẽ**ku**jnẽ]
Keine Ursache.	Nie ma za co. [nje‿ma‿sa‿zo]
was / wer / welcher	co / kto / jaki [zo / kto / **ja**ki]
wo / wohin	gdzie / dokąd [gdschje / **do**kãd]
wie / wie viel	jak / ile [jak / ile]
wann / wie lange	kiedy / jak długo [**kje**dih / jak **dwu**go]
Wie heißt das?	Jak to się nazywa? [jak‿to‿schjẽ‿na**si**wa]
Wo ist ...?	Gdzie jest ...? [gdschje jest]
Können Sie mir helfen?	Czy może mi pan (m.) / pani (w.) pomóc? [tschih **mos~~ch~~**e mi pan / **pa**ni **po**muz]
ja	tak [tak]
nein	nie [nje]
Entschuldigen Sie.	Przepraszam. [psche**pra**scham]
Das macht nichts.	Nie szkodzi. [nje‿**schko**dschi]

Shopping

Wo gibt es ...?	Gdzie można kupić ...? [gdschje **mos~~ch~~**na **ku**pitsch]
Wie viel kostet das?	Ile kosztuje? [**i**le kosch**tu**je]
Ich nehme es.	Ja to wezmę. [ja‿to‿**wes**mẽ]
Wo ist eine Bank?	Gdzie jest bank? [gdschje‿jest‿bank]
Geben Sie mir 100 g Käse, bitte.	Proszę o sto gramów sera żółtego. [**pro**schẽ‿o‿sto‿**gra**muf **ß**era **s~~ch~~**uw**te**go]
Haben Sie deutsche Zeitungen?	Czy ma pan (m.) / pani (w.) niemiecką gazetę? [tschih‿ma‿pan / **pa**ni nje**mje**zkã ga**se**tẽ]
Wo kann ich telefonieren / eine Telefonkarte kaufen?	Gdzie mogę zatelefonować / kupić kartę telefoniczną? [gdschje **mo**gẽ satelefo**no**watsch / **ku**pitsch **kar**tẽ telefo**nitsch**nã]

Essen und Trinken

Die Speisekarte, bitte.	Proszę o jadłospis. [**pro**schẽ o‿jad**wo**spis]
Brot	chleb [chlep]
Kaffee	kawa [**ka**wa]
Tee	herbata [cher**ba**ta]
mit Milch / Zucker	z mlekiem / cukrem [s‿**mle**kjem / **zu**krem]
Orangensaft	sok pomarańczowy [sok‿pomaran**tscho**wih]
Suppe	zupa [**su**pa]
Fisch / Meeresfrüchte	ryba / frutti di mare [**rih**ba / **fru**ti‿di‿**ma**re]
Fleisch / Geflügel	mięso / drób [**miẽ**so / drub]
Beilage(n)	dodatki [do**dat**ki]
vegetarische Gerichte	potrawy wegetariańskie [po**tra**wih wegetar**jan**skje]
Eier	jaja [**ja**ja]
Salat	sałata [ßa**wa**ta]
Dessert	deser [**de**ßer]
Obst	owoce [o**wo**ze]
Eis	lody [**lo**dih]
Wein	wino [**wi**no]
Bier	piwo [**pi**wo]
Wasser	woda [**wo**da]
Mineralwasser	woda mineralna [**wo**da mine**ral**na]
Limonade	goranżada [oran**s~~ch~~**ada]
Ich möchte bezahlen.	(Nie) bardzo mi smakowało. [(nje) **bar**dso‿mi ßmako**wa**wo]